LOS PUCHEROS DE LOS CONVENTOS

修道院の煮込み
スペインバスクと北の地方から

丸山久美

はじめに

　そもそもは修道院で作られているお菓子を目的に、たびたび訪ねたスペインの修道院。回数を重ねるうちに、修道女たちとお話しする時間もいただくようになり、そのうち料理の話にも広がり、レシピとともにさまざまな料理のヒントをいただきました。そして、なぜそれが修道院でなければならないのか、私にも徐々にわかってきたのです。

　その昔中世の頃、修道院はヨーロッパの文化、社会に大きな貢献をしていました。学校や病院の役割をしていた修道院ですが、書物や学問だけではなく、料理の研究にも余念がありませんでした。菜園、果樹園、薬園、養鶏場などを管理しながら自給自足をし、共に暮らす大勢の修道女たちに、地域の信者たちに、いかに体によいおいしい料理を提供できるか、日々試行錯誤を続けていたのです。スペインでは、多くの伝統料理が修道院で生まれました。その点に敬意を表し、修道女たちは「おいしい料理を作る人」の代名詞となり、今でも「おふくろの味」を象徴する存在として一目置かれています。

　そんな中でも、煮込み料理は古くから続く伝統料理。修道女たちの得意料理とされています。お話を伺うと、豆や野菜の煮込みを中心に、変化をつけながら、毎日の献立に活用しているのがわかります。庭で採れた野菜、いただいたもの、ストック食材など、"今あるもの"で料理を考える修道院では、煮込み料理は実に作りやすいのです。そのうえ、鍋まかせにもでき、簡単で一度にたくさん作れるのも利点。栄養バランスがとりやすく、消化にもよく体にやさしいといいことずくめ。さらに修道院は建物の構造上、とても冷えやすく、過度な暖房を控えることから、寒い日に体を芯から温めてくれる煮込み料理は、とてもありがたい料理なのです。

　この本では、スペインの北の地方の修道女たちに教えていただいたレシピを中心に、今まで訪れた修道院や文献からのレシピも引用しています。日本で手に入る材料で作れるようアレンジを心がけました。洋食煮込みのヒントに、献立に迷った時に活用してくださったらうれしいです。

　修道女のように、お皿に残った煮汁はパンですくって、ぜひ最後まで楽しんでください。

丸 山 久 美

（カンタブリア海）　　　　（ビスケー湾）

ガリシア　　アストゥリアス　カンタブリア　　バスク
　　　　　　　　　　　　　　　　　　　　PAÍS VASCO

GALICIA　ASTURIAS　CANTABRIA　　　　　ナバラ　　フランス

　　　　　　　　　　　　　　　　　　NAVARRA
　　　　　　　　　ラ・リオハ
　　　　　　　　　　LA RIOJA
（大西洋）　　　　　　　　　　　　　　　　　CATALUÑA

　　　　　　　CASTILLA Y
　　　　　　　　LEÓN　　　　ARAGÓN

ポルトガル

　　　　　　　MADRID

EXTREMADURA　CASTILLA　　VALENCIA
　　　　　　　LA MANCHA　　　　　　ISLAS
　　　　　　　　　　　　　　　　　　BALEARES

　　　　　　　　　　MURCIA

　　　　ANDALUCÍA

スペイン北部は、カンタブリア海からピレネー山脈まで広がる広大な自然に恵まれた地域。バスクからガリシアまでは緑豊かなことから「グリーン・スペイン」と呼ばれ、またサンティアゴ巡礼路「北の道」（キリスト教の聖地であるガリシア州のサンティアゴ・デ・コンポステーラへの巡礼路）は、何世紀にもわたり世界中からたくさんの巡礼者が歩いてきました。修道院は宿泊所、食事を提供してきた歴史があり、煮込み料理が多くの巡礼者たちをいやしてきたことでしょう。

＊正確には「州（自治州）」と呼ばれていますが、この本では「地方」としています

修道院の一日

修道院とは、キリスト教の戒律に従って共同生活をする場所のこと。カトリック教会には大きく分けると観想修道院と活動修道院があり、スペインの多くは観想修道院で、修道院の中だけで生活を送ります。原則的に禁域が定められていて、病院での治療や役所の手続き以外は修道院から外に出ることができません。基本的には一生を修道院の中だけで過ごすのです。また、外部の人たちが修道院内に入ることも容易ではありません。

この本でご紹介しているのは女子修道院です。修道女たちは祈りを中心に、それぞれの修道院によって定められた日課を日々営んでいます。会派の規則によっても時間、順番は多少違いますが、ひとつ例に挙げてみます。

朝6:30に起床。教会で祈りを捧げます。その後にミサ、**8:30から黙想**が行われた後に**9:00**に食堂に集まり、パン（バゲット）とミルク（コーヒーなど好みのもの）で**ごく簡単な朝食**を済ませます。かたづけの後の少しの時間は**読書**などをし、**10:00から労働**が始まります。この時間は修道院の事務、掃除、洗濯はもちろん、庭の畑や果樹、ハーブ、花などの農作業、採卵・鶏の世話、裁縫など、各修道女に割り当てられた仕事に従事します。

さらに、修道院維持のための収入源として、お菓子作り、刺しゅう、聖品の製作、民芸品作り、本の装丁や家具修理などに携わる修道院も少なくありません。

3時間の労働を終えると**祈りの時間**があり、**13:00には昼食**です。パン（バゲット）と飲みもの、1皿目、2皿目、デザートの順に担当の修道女が配膳する料理をいただきます。30分ほどで終え、その後**30分の自由時間**（ない修道院もあります）を過ごし、**祈りの時間、聖体訪問。再び労働の時間**に入ります。祈り、黙想が終わると食堂に集まり、**20:00に夕食**をとります。30分ほどの夕食の後に祈りの時間を経て、**自由時間**となり、それぞれが**22:30〜23:00には就寝**、一日を感謝の気持ちで終えます（参考：カルメル会、クララ会、メルセス会など）。

A. 教会で祈りを捧げるのは、起床後に修道女がまず最初にすること。B. 祈り、ミサ（聖体祭儀）、黙想の時間が、日々の暮らしの中心にある。C.D.E. 労働の時間は、午前と午後の2回。庭の畑や果樹、教会に飾るための花卉（かき）栽培も労働のひとつ。F. 朝食・夕食はごく軽く、1皿目、2皿目、デザートで構成される昼がメインの食事。3回の食事にパンは欠かせない（ちなみに、右はベネディクト会の特別なパン）。

修道院の台所

　お祈りや労働の間に、朝食、昼食、夕食の1日3回の食事があります。

　料理を作るのは、その日の当番の修道女。修道院によってローテーションの組み方、担当人数などは違うとしても、ほとんどの場合、担当がその日のメニューを決めて作るようです。

　メニューはその時々にある材料を使って考えるのがほとんどで、先に材料を決めて用意するのは、特別な日やお祝いの日。毎日の献立は、庭で採れた野菜やくだもの、いただいた食材、ストックしてあるものなどを考慮しながら決めていきます。

　当番は、その日の労働の時間を使って台所で料理にとりかかります。白いタイルを基本にした台所には、ステンレスシンク、ガス台、調理台、オーブンが置かれ、お互いが働きやすいよう常に整頓され、清潔が保たれています。

　感心してしまうのは、無駄なものがないこと。長い間、代々使っていたらどんどんと物がふえそうなものなのですが、逆に必要なものだけが残っているようです。まさにミニマリストのお手本ですね。

修道院の食堂と器

　とても異例なご配慮で、バスク地方ラスカオの聖アナ修道院で、修道女のみなさんと昼食を共にする機会をいただいたことがありました。

　修道院の建物がバスクの文化財で大変古いこともあり、食堂もまた荘重な雰囲気で、壁には聖母や聖女の古い絵画が飾られ、窓からは陽の光が差し込んでいます。

　テーブルはU字型（コの字型？）に置かれ、正面には修道長が座り、両脇に修道女たちが向かい合うように座るのです。この配置は、どこの修道院でも同じようです。

　それぞれの決められた席に、お皿とカトラリーが用意されています。その日は白いディナープレートの上にスーププレート、下にはランチョンマットが敷かれていました。

　全員が着席したら、食前の祈りを捧げ、食事が始まります。その日の担当の修道女が、向かい合ったテーブルの中央からパン（バゲット）、飲みものを順に配り、1皿目をサーブします。食べ終わると下げられ、2皿目がサーブされ、最後にはデザートが続きます。食事中は会話が禁止されているので、沈黙が守られます（聖書の朗読などが行われることもあります）。全員の食事が終わり、食後の祈りをし、静かに席を立ち沈黙のまま食堂から退出します。

G

H

K

I

J

L

M

G.台所は白を基調とし、タイル、ステンレス、大理石などが使われている。H.台所から食堂につながる窓の下にあるのは、料理の保温機。I.ゲルニカの聖クララ修道院の200年以上前からあるという乳鉢。J.聖アナ修道院の約15人用のスープ。手前は高齢のシスター用。

K.テーブルがU字型に並べられた食堂。正面には修道長が座る決まり。L.ジュースと赤ワイン。切ったパンには、修道院のイニシャル入りのナプキンをかぶせて。M.食卓に用意されている、お皿とカトラリーのセット。器は白が基本。

CONTENIDO

GUISOS DE POLLO Y CARNE
—— 肉 の 煮 込 み

Capítulo 1

この本での約束ごと

● 大さじ1は15㎖、小さじ1は5㎖、1カップは200㎖。「ひとつまみ」とは親指、人さし指、中指の3本で軽くつまんだ量のことです。
● 塩は精製されていないもの、こしょうは黒こしょう、オリーブ油は「エキストラ・バージン・オリーブオイル」、卵はM玉（正味50g）を使っています。
● にんにくは芯を除いて使ってください。トマトは同量の水煮缶でも代用できます。
● 煮込み料理の調理には、鍋または深めのフライパンを使ってください。
● 電子レンジの加熱時間は、600Wのものを基準にしています。500Wの場合は、1.2倍の時間を目安にしてください。
　機種によっては、多少差が出ることもあります。
● オーブンは、あらかじめ設定温度に温めておきます。焼き時間は、熱源や機種などによって多少差があります。
　レシピの時間を目安に、様子を見ながら加減してください。

COLUMNA 1

2つの修道院で食事をいただいて

2023年春、バスク地方に赴き、いくつかの修道院を訪ねました。禁域のある修道院ですが、特別な計らいで2つの修道院でお食事のご招待にあずかりました。

サンセバスチャンから20kmの海岸沿いの街・サラウツにある、善き羊飼いの修道院の訪問は4年ぶりです。コンタクトはとっていたものの、シスターたちのお元気そうなお顔が拝見できてうれしい。今回は禁域内のお庭を拝見、菜園や樹木の説明をしていただき、そのうえお言葉にすっかり甘えて昼食と夕食をいただくことに。

いずれも司教さまなどが使う来客用のお部屋で、ひとりでいただく食事でしたが、シスターたちのその日の料理と同じとのこと。昼食は1皿目に「芽キャベツ入りひよこ豆の煮込み」。2皿目は修道院自慢の卵を使った「目玉焼き」。デザートは「くだもの」と「ビスコチョ」。煮込みは塩だけの味つけとは思えないほど、野菜と豆の甘みが濃厚な味わいでしたし、目玉焼きはちょうどよい半熟加減。ビスコチョはヘーゼルナッツの香りとキャラメルソースで、しっとりしたスポンジといい、どれも美味で敬服するばかり。夕食は軽く1皿で、バスク料理の長ねぎのスープ「ポルサルダ」。ねぎはとろりと甘く、これもまた塩だけとは思えない野菜のコク。少し冷えてきた夜と長旅で疲れた体にやさしく、シスターたちの心遣いの温かさとともにじんわりとしみ込んでいき、忘れられない味となりました。

もうひとつはバスクの小さな村・ラスカオにある、17世紀に建てられたというバロック様式の建物が荘厳とした佇まいの聖アナ修道院。そこではシスターのみなさんと昼食をいただく機会に恵まれました。

5人のシスターたちとテーブルを共にし、2人のシスターがお料理をサーブしてくださいました。1皿目はショートパスタが入った「チキンスープ」。鶏肉は入っていませんが、鶏ガラで煮込んだとあって滋味豊か。2皿目は「牛レバーの玉ねぎ煮込み」。甘みが出るまでしっかりと炒めた玉ねぎと、ほんのり白ワインが香るソースを薄切りの牛レバーにからめていただくスペインの家庭料理。デザートは、収穫した小さな「キウイ」と「オレンジのビスコチョ」。規律通りの沈黙の中での食事。緊張しながらも、おいしく味わわせていただきました。

A

B

D E

C

A.善き羊飼いの修道院での昼食、1皿目の芽キャベツ入りひよこ豆の煮込み。B.2皿目は、朝採卵したての卵で作る目玉焼き。たっぷりのフライドポテトが添えられて。C.デザートは修道院の庭で採れたくだものと、キャラメルソース、シナモンがかけられたビスコチョ（スポンジケーキ）。D.夕食は、バスクの伝統料理の長ねぎスープ・ポルサルダ。じゃがいもがやわらかく煮くずれ、野菜の甘みが詰まったひと皿。E.デザートのくだものは、数種類あることも。柑橘類はバスクでも採れ、よく食べられている。

（左）聖アナ修道院の昼食のメイン料理、牛レバーの玉ねぎ煮込み。（上）デザートはオレンジのビスコチョと、庭で採れたキウイフルーツ。

GUISOS DE POLLO Y CARNE

──── 肉の煮込み ────

LOS MENÚS

修道院の肉の煮込みについて

　修道院では、肉はぜいたくな食材のひとつ。庭で栽培している野菜と乾燥豆を中心に献立を考えることが主軸となっていますが、家計に負担をかけずに、そして栄養バランスを考慮しながら、肉料理も日々のメニューに加えています。肉の煮込みは鍋ひとつで簡単に作れるうえに、メインになって体も温まり、シスターたちのこぼれる笑みが見られるうれしい料理です。

　なつかしい故郷の味、修道院に代々伝わるレシピを参考にしながら、それぞれのシスターたちの作る肉の煮込み料理は少しずつ違うものの、どのレシピにもちょっとしたルールが自然に守られています。まずは肉を焼きつけること。肉汁が出ないようにし、ジューシーに仕上げるためです。また、ベースになる野菜はしっかりと炒めて、甘みやうまみを引き立たせること。あとは弱火でことことと、おいしくなるのをゆっくり待つことです。

POLLO GUISADO

鶏もも肉の白ワイン煮込み献立

バスク地方アニャーナのサン・ファン・デ・アクレ修道院のレシピを参考にした、
バランスのよい献立です。1皿目のごはんは、野菜たっぷり。2皿目の鶏肉の煮込みは、
シンプルに。デザートには、おもてなしに作ったクッキーの残りをいただきます。

Recipe ›› (p.16 - 17)

Pollo guisado

鶏もも肉の白ワイン煮込み

2皿目

どこの修道院でも作ることの多い、煮込み料理の王道です。

Arroz del convento

修道院のごはん　1皿目

米どころ・バレンシア生まれのマザー・ヴィルヒニアの大好物です。

Galletas de Cruz de Malta

マルタ騎士団の十字架クッキー

デザート

修道院のシンボルの十字架を
かたどった、グルテンフリーのクッキー。

Ajoatao y judias verdes

マッシュポテトといんげん　1皿目

マッシュポテトは、卵を加えて
なめらかにするのがスペイン風です。

POLLO CON SALSA DE SETAS

鶏むね肉のきのこクリーム煮献立

1皿目は、シンプルなマッシュポテトとゆでただけのいんげん。
この野菜料理を、そのまま2皿目と一緒に食べるのもよいかと思います。
デザートには保存食として作りおきしている、ようかん風のりんごの固形ジャムを。

Recipe ›› (p.18 - 19)

Dulce de manzana

ドゥルセ・デ・マンサーナ

デザート

バスク地方やアストゥリアス地方は、
りんごの産地としても名高いのです。

Pollo con salsa de setas

鶏むね肉のきのこクリーム煮

2皿目

さまざまなきのこが収穫される秋は、
修道院でもきのこをいただく機会が多くなる季節。

鶏もも肉の白ワイン煮込み献立

Pollo guisado

鶏もも肉の白ワイン煮込み

2皿目

サン・ファン・デ・アクレ修道院では、ブランデーやレモンを加えることも。
バスク地方ビトリアのビジタシオン・デ・サンタマリア修道院のレシピでは、
にんじんを加えることが多く、バスク地方サラウツの善き羊飼いの修道院では、
ハーブやスパイスで変化をつけるそう。アレンジのしかたはさまざまです。

材料［4人分］

鶏もも骨つき肉（ぶつ切り）…… 500g *
玉ねぎ（薄切り）…… 1個
にんにく（みじん切り）…… 2かけ
白ワイン…… ½カップ
ローリエ…… 1枚
オリーブ油…… 大さじ1
塩、こしょう…… 各適量
タイム（生・ちぎる）…… 少々
＊もも肉、手羽先、手羽元などをミックスしても

作り方

1 鶏肉は塩、こしょう各少々をふり、オリーブ油を熱した
  鍋で全体を中火でこんがり焼き、取り出す。
2 続けて玉ねぎ、にんにくを入れて弱火で炒め、しんなり
  したら1を戻し、白ワインを加えて中火で煮詰める。
3 水½カップ、ローリエを加え、煮立ったらふたをして弱
  火で25〜30分煮、塩、こしょうで味を調える。器に盛
  り、タイムをのせる。
  ＊仕上げに白ワインビネガー小さじ2を加え、5分ほど煮てもおいしい

チキンスープの作り方

材料［作りやすい分量・約5カップ分］

鶏手羽先、鶏手羽元（余分な脂を除く）…… 各6本
玉ねぎ（皮ごと大きめに切る）…… 1個
にんじん（皮ごと大きめに切る）…… 1本
長ねぎ（青い部分ごと4等分に切る）…… 1本
ローリエ…… 1枚
イタリアンパセリ…… 1本

作り方

深めの鍋に材料とかぶるくらいの水を入れ、ふたを
して火にかけ、煮立ったらアクをとり、途中でアクが
出たらとりながら弱火で1時間煮る。濁らないように
静かにざるでこす。
＊かわりに、湯2カップに対し市販の固形スープの素1個を溶いて
使ってもOK

修道院のごはん

1皿目

米どころ・バレンシア生まれのマザー・ヴィルヒニアは、
「毎日でも食べたいくらいなの」とおっしゃるほどの大のお米好き。
野菜は、うまみが出るまでしっかり炒めます。

材料［4人分］

米（洗わない）…… 2カップ（400ml）
カリフラワー（小さめの小房に分ける）
　…… 約⅛株（120g）
赤パプリカ（粗みじん切り）…… 1個
にんじん（小さめの角切り）…… ½本
長ねぎ（小口切り）…… 1本
チキンスープ（左ページ参照）
　…… 2¼カップ*
ローリエ…… 2枚
塩…… 小さじ⅔
オリーブ油…… 大さじ1
＊温めておく

作り方

1 鍋にオリーブ油を熱し、野菜を中火で5～6分炒め、
　パプリカがしんなりしたら米を加え、全体に油が回るま
　で炒める。

2 熱々のチキンスープ、ローリエ、塩を加えて混ぜ、煮立っ
　たらふたをして弱火で15分煮る。火を止め、ふたをし
　たまま10～15分蒸らす。

マルタ騎士団の十字架クッキー

デザート

サン・ファン・デ・アクレ修道院に伺った時にいただいたクッキーです。
マルタ騎士団とは、騎士修道会の名称。そば粉、きび粉、米粉を使った
グルテンフリーのクッキーですが、作りやすいように米粉でアレンジ。
ほろほろとくずれやすい、とても繊細なお菓子です。

材料［直径6cmのもの15枚分］

A｜米粉（製菓用）…… 180g
　｜ベーキングパウダー…… 小さじ½
　｜シナモンパウダー…… 少々
バター（食塩不使用）…… 120g*
黒砂糖（粉末のもの）…… 40g
卵…… 1個*
バニラエッセンス…… 少々
B｜グラニュー糖…… 大さじ1
　｜シナモンパウダー…… 少々
＊室温に戻す

作り方

1 ボウルにやわらかくしたバターを入れ、ゴムベラでクリー
　ム状に練り、黒砂糖を加えてすり混ぜる。砂糖がなじ
　んだら溶いた卵、バニラエッセンスを加えて混ぜる。

2 Aを加えてゴムベラで切るように混ぜ、ひとまとめにして
　ラップで包み、冷蔵室で30分休ませる。

3 台とめん棒に打ち粉（米粉・分量外）をふり、めん棒
　で3mm厚さにのばして型で抜き、オーブンシートを敷い
　た天板に並べ、170℃に温めたオーブンで10分ほど焼
　く。そのまま1時間ほどおいてしっかり冷まし、混ぜたB
　をまん中にふる。

鶏むね肉のきのこクリーム煮献立

Ajoatao y judías verdes

マッシュポテトといんげん

[1皿目]

中世の頃、オリーブ油、にんにく、塩で作っていたソースに、
じゃがいもを入れたのがはじまりと言われるスペイン風マッシュポテト。
好みで、にんにくのすりおろしを加えても。

材料［4人分］

じゃがいも（1cm幅の半月切り）
　…… 3個（450g）
いんげん（筋を除く）…… 20本
オリーブ油…… 大さじ1½
A｜卵…… 1個
　｜塩…… 小さじ½
　｜レモン汁、こしょう…… 各少々

作り方

1　鍋にじゃがいも、かぶるくらいの水を入れて火にかけ、
煮立ったら中火でやわらかくなるまでゆで、湯をきる。
フォークで粗くつぶし、オリーブ油を加えて混ぜ、Aを
加えて混ぜる。

2　いんげんは塩少々（分量外）を加えた熱湯でゆで、長
さを半分に切り、1とともに器に盛る。

Dulce de manzana

ドゥルセ・デ・マンサーナ

[デザート]

デザートやお菓子として、また保存食として、このりんごの固形ジャムが
古くから受け継がれてきました。薄くスライスし、チーズやくるみと
一緒にいただくのが定番です。

材料［12.5×5.5×高さ4.5cmのもの1本分］

りんご（皮ごとざく切り）
　…… 2個（正味500g）
グラニュー糖…… ピューレ状にした
　りんごの半量（約200g）
レモン汁…… ½個分（20mℓ）
くるみ（好みで）…… 適量

作り方

1　鍋にりんご、水¼カップを入れて中火にかけ、煮立っ
たらふたをしてやわらかくなるまで弱火で20分煮（必要
なら水を足す）、粗熱がとれたらミキサーなどにかけて
ピューレ状にし、ざるでこして皮を除く。

2　1の重さを量り、半量のグラニュー糖を用意する。鍋に
1、グラニュー糖の¾量、レモン汁を入れて中火にかけ、
絶えず混ぜながら20分煮詰め、残りのグラニュー糖を
加え、混ぜながらさらに5〜10分煮詰める。

3　ヘラで混ぜて鍋底が見えるくらいぽってりしたら、ラップ
を敷いた耐熱容器に入れ、粗熱をとる。好みの厚さに
切って器に盛り、くるみを添える。保存は冷蔵室で。

鶏むね肉のきのこクリーム煮

2皿目

きのこは卵と料理したり、スープにすることが多く、バスク地方ラスカオの
聖アナ修道院では、きのこのクリームスープが余った次の日に、
こんな鶏むね肉の煮込みを作るそう。それもすてきですが、
今回はスタンダードなクララ会のレシピでご紹介します。

材料［4人分］

鶏むね肉（長さを4等分に切る）
　　…… 2枚（600g）
玉ねぎ（粗みじん切り）…… ½個
にんにく（みじん切り）…… 1かけ
マッシュルーム（薄切り）
　　…… 2パック（200g）
白ワイン…… ½カップ
生クリーム…… 1カップ
ローリエ…… 1枚
オリーブ油…… 大さじ1
塩、こしょう、小麦粉、タラゴン（生）
　　…… 各適量

作り方

1　鶏肉は塩、こしょう各少々をふって小麦粉をまぶし、オ
リーブ油を熱した鍋で両面を中火で軽く焼き、取り出す。

2　続けて玉ねぎを入れて弱火で炒め、しんなりしたらにん
にくを加えて香りが出るまで炒め、マッシュルームを加え
て中火でさっと炒める。

3　白ワインを加えて煮詰め、生クリーム、ローリエを加え、煮
立ったら1を戻し、ふたをしないでとろみがつくまで弱
火で20分煮る（鶏肉がソースから出ていたら、途中で裏
返す）。

4　塩、こしょうで味を調え、器に盛ってタラゴンをのせる。

ハーブについて

中世の頃、修道院では数多く
のハーブを栽培し、薬効が研
究され、医療・薬学に貢献し
てきました。今でも庭でさまざ
まな種類のハーブを育てている
修道院は少なくありません。伝
統的に薬草としての治療効果・
ハーブ療法を利用し、食生活
にもふんだんに使います。お茶
として飲むことも、修道女たち
の生活に根づいています。

Pollo a la jardinera

鶏もも肉と野菜の煮込み

本来の名前は、「庭師の鶏肉料理」。その名の通り、
庭で収穫した旬の野菜をたっぷり使う、修道院ではおなじみの料理。
少しずつ残ってしまった野菜を無駄なく使えるのも利点です。

Pollo con piperrada

鶏もも肉のバスク風煮込み

バスク地方やナバラ地方の家庭料理「ピペラーダ」は、
赤パプリカとピーマンが主役のトマト煮込みです。
そのままで前菜やつけ合わせにすることはもちろん、さまざまな料理のベースにも。
鶏肉と煮込むこちらのひと皿は、「バスク風」と呼ばれて親しまれています。

Arroz caldoso con pollo

鶏もも肉のアロス・カルドッソ

アロスは「米、米料理」、カルドッソは「スープ（だし汁）たっぷりの」の意味。
お米をやわらかめに煮込んだ、おじやのようなしっとりとした料理です。
体にもやさしく、寒い日に熱々をスプーンですくっていただくと、
体の芯まで温まります。具材は、その時々にあるもので作ります。

Pollo a la sidra

手羽中のシードル煮

スペイン北部名産のりんごの果汁を発酵させて作るお酒・シードル。
中でも代表的な産地は、アストゥリアス地方。その歴史はヨーロッパの中でも大変古く、
8〜9世紀頃から作られていたことがわかっています。甘口から辛口までありますが、
修道院ではその時にあるシードルを使い、個性を楽しんでいるそう。

Pollo en pepitoria

手羽元のペピトリア

16世紀の料理本やセルバンテスの作品などに記録が残っている、とても古い料理。
もともとは鶏肉のすべての部位を煮込んだ料理でしたが、徐々に変化し、
19世紀にはスペイン女王・イサベル2世の大好物ということから、一層人気を博したとか。
アーモンドの風味と卵黄のうまみが相まったソースが特徴的です。

Muslos de pollo a la cerveza
手羽元のビール煮込み

バスク地方ビトリアにあるサンタ・クルス修道院で教えていただいた、
シンプルなお料理。にんじんやじゃがいもを加えたり、鶏もも肉やむね肉を使ったり、
はちみつを少し加えたり、その時々に応じて変化をつけるそう。
苦みが立ちすぎない、マイルドなラガービールを使うのがおすすめです。

Pollo a la jardinera

鶏もも肉と野菜の煮込み

材料［4人分］

鶏もも肉（ひと口大に切る）…… 2枚（600g）

A｜じゃがいも…… 小4〜6個
　｜ペコロス（皮をむく）…… 6個
　｜長ねぎ（1.5cm幅に切る）…… 1本
　｜にんにく（みじん切り）…… 1かけ

にんじん…… 小6本

かぶ（茎を残し、皮ごと縦半分に切る）
　…… 小5個

グリーンピース…… 20g

チキンスープ（p.16参照）…… 2カップ

ローリエ…… 1枚

オリーブ油…… 大さじ1

塩、こしょう、小麦粉…… 各適量

作り方

1　鶏肉は塩、こしょう各少々をふって小麦粉を
　まぶし、オリーブ油を熱した鍋で両面を中火
　で軽く焼き、取り出す。

2　続けてAを入れて中火で炒め、香りが出て
　油が回ったら1を戻し、チキンスープ、ロー
　リエ、にんじんを加え、煮立ったらふたをし
　て弱火で25分煮る。

3　かぶ、グリーンピースを加えてさらに5分煮、
　塩、こしょうで味を調える。

サン・ファン・デ・アクレ修道院

6500年以上もの歴史を持つ世界最古の製塩
工場のひとつ、バスクのサリーナス・デ・ア
ニャーナ塩田の谷には、観光客が絶えません。
その塩田を見下ろすように小高い丘に建つ、
小さな修道院。会派は、赤い十字架がシン
ボルのマルタ騎士修道会。修道長のマザー・
ヴィルヒニアは、グルテンフリーのクッキーと
ケーキを作って迎えてくださいました。

Pollo con piperrada

鶏もも肉のバスク風煮込み

材料 [4人分]

鶏もも肉（半分に切る）…… 2枚（600g）
赤パプリカ、ピーマン（ともに縦1cm幅に切る）
　…… 各2個
玉ねぎ（みじん切り）…… ½個
にんにく（みじん切り）…… 1かけ
トマト（皮をむき、粗みじん切り）…… 2個（300g）
パプリカパウダー（あればスモークタイプ）
　…… 大さじ1
オリーブ油…… 大さじ1
塩、こしょう…… 各適量

作り方

1　鶏肉は塩、こしょう各少々をふり、オリーブ油
　を熱した鍋で両面を中火でこんがり焼き、取
　り出す。
2　続けてトマト以外の野菜を入れて弱火で炒
　め、パプリカがしんなりしたらトマトを加え、
　水けがなくなるまで中火で炒める。パプリカ
　パウダーをふり、ひと混ぜする。
3　1を戻し、水½カップを加え、煮立ったらふ
　たをして弱火で30分煮（途中で足りなけれ
　ば水を足す）、塩、こしょうで味を調える。

パプリカパウダーは、乾燥
させた赤パプリカを粉末にし
た、スペイン料理に欠かせ
ない香辛料。特に、スモー
クしたものは香ばしく、原産
地呼称に認定された「ベラ」
産は、料理に格別な味わい
を与えてくれる。

Arroz caldoso con pollo

鶏もも肉のアロス・カルドッソ

材料 [4人分]

鶏もも肉（ひと口大に切る）…… ⅔枚（200g）
米（洗わない）…… 1カップ（200㎖）
グリーンアスパラ（下のかたい皮をむき、3㎝幅に切る）
　…… 6本
長ねぎ（小口切り）…… 1本
トマトソース（p.54参照）…… 大さじ3
チキンスープ（p.16参照）…… 5カップ＊
ローズマリー（生・ちぎる）…… 1〜2本
オリーブ油…… 大さじ1
塩、こしょう…… 各適量
＊塩小さじ¼を加えて温めておく

作り方

1　鶏肉は塩、こしょう各少々をふり、オリーブ油
　を熱した鍋で両面を中火でこんがり焼く。ア
　スパラ、長ねぎを加え、油が回るまで炒める。
2　トマトソース、米を加えて全体に混ぜ、熱々
　のチキンスープを加えて中火で5分煮る。
3　ローズマリーを加え、ふたをして弱火で13〜
　15分煮、火を止めてふたをしたまま10分蒸
　らす。

Pollo a la sidra

手羽中のシードル煮

材料 [4人分]

鶏手羽中…… 12本（500g）
りんご（皮ごと6等分のくし形切り）
　…… 小2個（400g）
ベーコン（みじん切り）…… 2枚
にんにく（みじん切り）…… 1かけ
シードル…… 150㎖
オリーブ油…… 大さじ1
塩、こしょう、小麦粉、セージ（生）…… 各適量

作り方

1　手羽中は塩、こしょう各少々をふって小麦粉
　をまぶし、オリーブ油を熱した鍋で両面を中
　火でこんがり焼き、取り出す。
2　続けてベーコン、にんにくを入れて弱火で炒
　め、香りが出たら1を戻し、りんご、シードル、
　水½カップを加え、煮立ったらふたをして弱
　火で30分煮る。塩、こしょうで味を調え、
　器に盛ってセージを散らす。

シードルは、りんごの果汁
を発酵させて作るさわやか
なお酒。日本製のものも数
多くあり、アストゥリアス州
やバスク地方のシードルも、
ネットショップで購入可能。

Pollo en pepitoria

手羽元のペピトリア

材料［4人分］

鶏手羽元…… 8本（480g）

アーモンド（生・皮なし）…… 20g＊

にんにく（皮をむく）…… 1かけ

ゆで卵…… 3個

玉ねぎ（みじん切り）…… 1個

白ワイン…… ½カップ

ローリエ…… 2枚

オリーブ油…… 大さじ1

イタリアンパセリ（みじん切り）…… 小さじ1

塩、こしょう、小麦粉…… 各適量

＊皮つきの場合は、熱湯で1分ゆでて皮をむく

作り方

1 フライパンにアーモンドを入れ、薄く焼き色が
つくまでからいりし、取り出してオリーブ油、
にんにくを入れ、弱火でにんにくをこんがり
焼いて取り出す。

2 続けて塩、こしょう各少々をふって小麦粉を
まぶした手羽元を入れ、全体を中火でこん
がり焼いて取り出す。

3 続けて玉ねぎを入れて弱火で炒め、しんなり
したら2を戻し、白ワインを加えて中火で煮
詰める。水（またはチキンスープ・p.16参照）
1カップ、ローリエを加え、煮立ったらふたを
して弱火で30分煮る。

4 厚手のビニール袋に1を入れてめん棒で粗く
つぶし、ゆで卵の黄身を加えて軽くくずし、3
に加え、ふたをして弱火で10分煮る。塩、
こしょうで味を調え、器に盛り、みじん切りに
したゆで卵の白身、イタリアンパセリを散らす。

Muslos de pollo a la cerveza

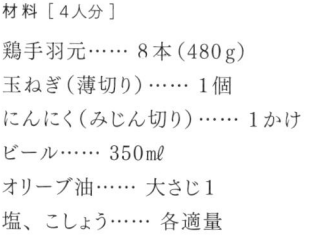

手羽元のビール煮込み

材料［4人分］

鶏手羽元…… 8本（480g）

玉ねぎ（薄切り）…… 1個

にんにく（みじん切り）…… 1かけ

ビール…… 350㎖

オリーブ油…… 大さじ1

塩、こしょう…… 各適量

作り方

1 鍋にオリーブ油を熱し、玉ねぎを弱火で炒め、
しんなりしたらにんにくを加え、香りが出るま
で炒める。塩、こしょう各少々をふった手羽
元を加え、全体を中火でこんがり焼く。

2 ビールを加え、ふたをしないでとろみがつくま
で弱火で30〜40分煮、塩、こしょうで味を
調える。

COSTILLAS
DE CERDO CON PATATAS

豚スペアリブとじゃがいもの煮込み献立

2皿目が濃厚でしっかりとした味わいの骨つき豚肉の煮込みなので、
1皿目はごくシンプルなサラダで、あっさりとバランスよく。
デザートは、甘いながらもあと味さわやかないちごのひと皿です。

Recipe ›› (p.34 - 35)

Costillas
de cerdo con patatas

豚スペアリブとじゃがいもの煮込み　2皿目

豚肉がほろほろとやわらかくなるまで煮込む、
寒い季節にぴったりの料理です。

Ensalada de lechugas
y hierbas

薬ものとハーブのサラダ

1皿目

サラダにはハーブのほか、ストックしている
ナッツを加えることも多いです。

Fresas con yogur
y leche condensada

いちごのコンデンスミルクヨーグルトがけ

デザート

いちごに練乳はおなじみですが、
それにひと工夫したのがこちら。

LENTEJAS A LA JARDINERA

ベーコンとレンズ豆の煮込み献立

豆料理は「スプーンで食べる料理」とも呼ばれ、温かい煮込み料理を
連想させる言葉でもあります。豆の煮込みは1皿目としては重ためなので、
2皿目は焼いた魚料理に。デザートには、アストゥリアス地方の揚げ菓子を。

Recipe ›› (p.36 - 37)

Lentejas a la jardinera

ベーコンとレンズ豆の煮込み

1皿目

豆料理が多い修道院で、
いちばん出番が多いのはレンズ豆です。

Caballa a la hierba

さばのハーブ風味

2皿目

さばは、北部の修道院でも
よく食べられている青魚のひとつ。

Casadielles Asturianas

くるみのパイ

デザート

アストゥリアス地方の郷土菓子で、
地元の人たちに愛されています。

豚スペアリブとじゃがいもの煮込み献立

Costillas de cerdo con patatas

豚スペアリブとじゃがいもの煮込み

2皿目

バスク地方デリオの聖クララ修道院で教えていただいたレシピ。
じゃがいもはペティナイフで割るように切ってでこぼこを作り、
豚肉のうまみがしみ込みやすく。残ったソースは、
パンにつけてめし上がってください。

材料［4人分］

豚スペアリブ（短めのもの）…… 300g
じゃがいも（ひと口大に切る）
　…… 2個（300g）
玉ねぎ（みじん切り）…… ½個
赤パプリカ（粗みじん切り）…… ½個
にんにく（みじん切り）…… 1かけ
トマト（皮をむき、粗みじん切り）
　…… 2個（300g）
白ワイン…… ¼カップ
ローリエ…… 2枚
オリーブ油…… 大さじ1
塩、こしょう…… 各適量

作り方

1　豚肉は塩、こしょう各少々をふり、オリーブ油を熱した
　鍋で全体を中火でこんがり焼き、取り出す。
2　続けて玉ねぎを入れて弱火で炒め、しんなりしたらパプ
　リカ、にんにくを加えて中火で炒め、パプリカがしんなり
　したらトマトを加え、水けがなくなるまで炒める。
3　1を戻し、白ワイン、ローリエを加えて煮立たせ、水を
　ひたひた（約3カップ）に加えて再び煮立ったらアクをと
　り、ふたをして弱火で25分煮る。
4　じゃがいもを加えてさらに15分煮、塩、こしょうで味を
　調える。

葉ものとハーブのサラダ

[1皿目]

訪ねた修道院のほとんどが、サラダに使うレタスを育てていました。
味つけは、各自でオリーブ油、ビネガー、塩をかけていただきます。

材料［ 4人分]

レタスミックス、ベビーリーフなど
　　……2パック（100g）
バジルの葉、ディル（生）…… 各適量
松の実…… 20g
オリーブ油…… 大さじ1〜
白ワインビネガー…… 小さじ2〜
塩、こしょう…… 各適量

作り方

1 葉ものとハーブは食べやすくちぎり、松の実とともに器
　に盛る。オリーブ油、白ワインビネガー、塩、こしょうを
　ふり、全体に混ぜて食べる。

いちごのコンデンスミルクヨーグルトがけ

[デザート]

いちごに練乳はおなじみのコンビですが、バスク地方トローサの
聖クララ修道院では、ヨーグルトとレモン汁をプラスして、
ちょっぴりごちそう風に仕上げていました。

材料［ 4人分]

いちご…… 20粒
レモン汁…… 1/2個分（20㎖）
プレーンヨーグルト…… 1カップ
加糖練乳…… 1/2カップ

作り方

1 いちごはレモン汁の半量をからめる。ボウルにヨーグル
　ト、練乳、残りのレモン汁を入れ、泡立て器で混ぜる。
2 器にいちごを盛り、1のヨーグルトをかける。

ベーコンとレンズ豆の煮込み献立

Lentejas a la jardinera

ベーコンとレンズ豆の煮込み

1皿目

レンズ豆の出番が多いのは、戻す時間が短く、時短で調理できることも
理由のひとつ。ベーコンやチョリソー（ちなみに、スペインのチョリソーは
辛くありません）でうまみをプラス。次の日においしくなる煮込みなので、
前日に作ったり、多めに作っておくのもおすすめです。

材料［4〜5人分］

ベーコン（ブロック・小さめの角切り）……50g
レンズ豆（乾燥・皮つき／たっぷりの水に10分つける）
　……1½カップ（200g）
A｜玉ねぎ（みじん切り）……½個
　｜長ねぎ（みじん切り）……½本
　｜にんにく（みじん切り）……1かけ
じゃがいも（小さめの角切り）……⅓個（50g）
にんじん（小さめの角切り）……½本
トマト（皮をむき、粗みじん切り）……小2個（200g）
B｜パプリカパウダー（あればスモークタイプ）……小さじ1
　｜クミンパウダー……小さじ½
ローリエ……1枚
オリーブ油……大さじ1
塩……適量

作り方

1　鍋にオリーブ油を熱し、Aを弱火で炒め、玉
　ねぎがしんなりしたらベーコン、じゃがいも、
　にんじんを加えて中火で油が回るまで炒め、
　トマトを加えて少し煮詰める。
2　レンズ豆、Bを加えてさっと混ぜ、ローリエ、
　具材の2cm上まで水を加え、煮立ったらふた
　をして豆がやわらかくなるまで弱火で15〜20
　分煮る（途中で足りなければ水を足す）。塩
　で味を調える。

バスクと北の地方の
豆のこと

スペインの北の地方では、豆料
理は代表的な存在。種類も豊
富で、良質の豆がそろっていま
す。バスク地方トローサの黒い
んげん豆や、アストゥリアス地方、
ガリシア地方の白いんげん豆な
どが特に名高いです。このほか、
レンズ豆やひよこ豆もよくいただ
きます。

さばのハーブ風味

[2皿目]

海に近い修道院では、新鮮なさばはシンプルに塩味で、
にんにくと赤唐辛子で風味をつけるだけで調理します。
あれば、さわやかなハーブをふって。レモンを添えても。

材料［4人分］

さば（三枚おろし）…… 2尾分（600g）
　｜ 塩…… ふたつまみ
　｜ こしょう…… 少々
にんにく（薄切り）…… 2かけ
赤唐辛子…… 1本
オリーブ油…… 大さじ1½
レモンバーム（生・タラゴン、フェンネル
　　などお好みで）…… 1本

作り方

1 フライパンにオリーブ油、にんにく、赤唐辛子を入れて
　弱火にかけ、香りが出たら脇に寄せる（こげないように）。
　さばに塩、こしょうをふり、皮目から加えて中火でこん
　がり焼き、裏返してにんにくをのせて火が通るまで3〜
　4分焼く。

2 器に盛ってレモンバームをちぎって散らし、フライパン
　に残ったオイルをかける。

くるみのパイ

[デザート]

アストゥリアス地方オビエドの跣足（せんそく）カルメル修道院では、
お菓子を製造して販売していて、そのおいしさには定評があります。
中でも、こちらの郷土菓子が人気です。

材料［10×3cmのもの6個分］

薄力粉…… 125g
ベーキングパウダー…… 小さじ½
A ｜ 白ワイン…… 50ml
　｜ オリーブ油…… 25ml
　｜ 塩…… ひとつまみ
卵黄…… 1個分
【フィリング】
　くるみ…… 60g ＊
　グラニュー糖…… 30g
　ブランデー、牛乳（または水）
　　　…… 各小さじ2
揚げ油、仕上げ用のグラニュー糖
　　　…… 各適量
＊フライパンでからいりする

作り方

1 ボウルにAを入れて泡立て器でよく混ぜ、卵黄を加えてさ
　らに混ぜ、粉類を3回に分けてふるい入れ、そのつどフォー
　クで混ぜる。手でこねて指につかなくなったらラップで包み、
　冷蔵室で1時間休ませる。

2 フィリングを作る。材料をフードプロセッサーなどにかけ、く
　るみの半量がつぶれて半量の粒が残るまで砕く。

3 1に打ち粉（薄力粉・分量外）
　をふり、めん棒で30×20cm
　（2mm厚さ）にのばし、10×10cm
　6個に切る。2をまん中にの
　せ、上から⅓ずつたたみ（ⓐ）、
　下に水をつけてくっつけ、両
　端をフォークで押してとじる。

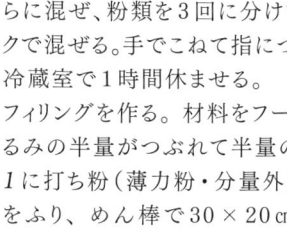

4 中温（170℃）の揚げ油でき
　つね色になるまで揚げ（泡が
　出るので、落ち着いてから1
　個ずつ入れて）、油をきって
　グラニュー糖をまぶす。

Estofado de cerdo con aceitunas

豚肩ロース肉のオリーブ煮込み

スペインの北の地方では、オリーブの栽培は難しいですが、びん詰や缶詰の
塩水漬け、酢漬けはストック食材のひとつ。サラダのほか、料理のアクセントに
使います。こちらの料理は、いつもの煮込みにオリーブで風味をプラス。
サン・ファン・デ・アクレ修道院では、圧力鍋を使って短時間で作るそうです。

Lomo relleno de ciruelas

豚ヒレ肉のプルーンくるみ詰め煮込み

お祝いの日やクリスマスに作る特別な料理です。このほか卵焼き、オリーブ、
ピキージョ赤ピーマン（ナバラ産の小型で肉厚なピーマン）、チーズを
詰めたり、他のドライフルーツやナッツで作ることも。クララ会のレシピから。

Lomo de cerdo a la naranja y limón

豚肩ロース肉のオレンジレモン風味

豚ブロック肉を丸ごと煮込み、切り分けていただきます。北の地方では、
オレンジやレモンは育ちにくいかと思っていましたが、立派な木がある修道院も。
サン・ファン・デ・アクレ修道院では、マザー・ヴィルヒニアの故郷・
バレンシアから柑橘類がたくさん送られてくるので、料理に頻繁に使うそうです。

Fideuá con cerdo
豚バラ肉のフィデウア

パエリアのパスタ版「フィデウア」は、地中海に面したバレンシア地方の料理。
パスタにスープ（だし汁）を吸い込ませるというユニークな料理法は、
簡単なうえ時短。スペインではフィデウア用のショートパスタがありますが、
日本では手に入りにくいので、スパゲッティーニを折って代用します。

Alubias con chorizo y berza

チョリソーと赤いんげん豆の煮込み

北の地方でよく食べられている赤いんげん豆。修道院でも欠かせない
豆のひとつで、豆だけを煮込むこともあります。ここでは炒めたキャベツを
添えていますが、サン・ファン・デ・アクレ修道院では、ゆでたキャベツを
別で炒めたにんにくと合わせます。ひと手間ですが、こちらもまたおいしいです。

Recipe ›› (p.47)

Albóndigas en salsa de zanahoria

肉団子のにんじんソース煮込み

肉団子の話になると、シスターたちの顔が
思わずほころびます。ちょっと手間だけれど、
スペインで愛されている料理のひとつ。
丸めたら少なめの油で軽く揚げ、ソースで煮て
中まで火を通すのが、やわらかく仕上げるコツ。
ソースも、野菜ソース（p.54）や玉ねぎソース、
トマトソースとさまざまです。

Estofado de cerdo con aceitunas

豚肩ロース肉のオリーブ煮込み

材料［4人分］

豚肩ロース厚切り肉…… 4枚（500g）
玉ねぎ（みじん切り）…… ½個
にんにく（みじん切り）…… 1かけ
トマト（皮をむき、すりおろす）…… 2個（300g）
グリーンオリーブ…… 12個
ローズマリー（生・ちぎる）…… 1〜2本
白ワイン…… ¼カップ
オリーブ油…… 大さじ1
塩、こしょう…… 各適量

作り方

1 豚肉は脂肪と赤身の間に数か所切り目を入れ
（筋切り）、塩、こしょう各少々をふり、オリー
ブ油を熱した鍋で両面を中火でこんがり焼き、
取り出す。

2 続けて玉ねぎを入れて弱火で炒め、しんなり
したらにんにくを加えて香りが出るまで炒め、
白ワインを加えて中火で煮立たせる。

3 1を戻し、トマト、水½カップを加え、煮立っ
たらオリーブ、ローズマリーを加えてふたをし
て弱火で30分煮る。塩、こしょうで味を調える
（オリーブの塩けによっても調整を）。

聖アナ修道院

バスクの小さな村・ラスカオにあるシトー会の
修道院。17世紀に建てられたバロック様式の
この修道院は、バスク地方の文化財に認定さ
れています。敷地内に宿泊施設があり、一般
にも開放されています。以前より縮小したとは
いえ、とても広い庭では、さまざまな種類の
野菜やくだものが育てられています。

Lomo relleno de ciruelas

豚ヒレ肉のプルーンくるみ詰め煮込み

材料［4人分］

豚ヒレかたまり肉…… 400g
｜ドライプルーン（種抜き）…… 8個
｜くるみ（粗みじん切り）…… 8g
玉ねぎ（薄切り）…… 1個
にんにく（粗みじん切り）…… 1かけ
小麦粉…… 大さじ1
白ワイン…… ¼カップ
チキンスープ（p.16参照）…… 1カップ
オリーブ油…… 大さじ1
塩、こしょう…… 各適量

作り方

1 豚肉は縦に1本切り目を入れて開き、2～3
 回切り込みを入れながら厚みを均一にし、手
 で押して平らにし、塩、こしょう各少々をふる。
 まん中にプルーン、くるみの順に一列にのせ、
 手前からくるく巻き（ⓐ）、たこ糸で縛る。

2 鍋にオリーブ油を熱し、1を中火で全体をこ
 んがり焼き、取り出す。続けて玉ねぎ、にん
 にくを入れ、弱火で玉ねぎがしんなりするま
 で炒め、小麦粉を加えてなじむまで炒める。

3 2の肉を戻し、白ワインを加えて中火で煮立
 たせ、小麦粉がダマにならないように混ぜな
 がらチキンスープを加え、ふたをして弱火で
 15分煮る。

4 ふたをとって中火で煮詰め、塩、こしょうで
 味を調える。肉のたこ糸を除いて好みの厚さ
 に切り、器に盛ってソースをかける。

Lomo de cerdo a la naranja y limón

豚肩ロース肉のオレンジレモン風味

材料［4人分］

豚肩ロースかたまり肉…… 500g

A｜オレンジ（ワックス不使用のもの・薄切り）…… ½個
　｜レモン（ワックス不使用のもの）…… 薄切り4枚
　｜オレンジの絞り汁…… 1個分（100㎖）
　｜白ワイン…… ¼カップ

オレンジの絞り汁…… ½個分（50㎖）

はちみつ…… 小さじ2

オリーブ油…… 大さじ1

塩、こしょう…… 各適量

作り方

1 豚肉は塩、こしょう各少々をふり、オリーブ油
　を熱した鍋で全体を中火でこんがり焼き、A、
　水75㎖を加え、ふたをして弱火で30分煮る。
　中央に竹串をさして透明の汁が出たら、肉は
　取り出す。

2 続けてオレンジの絞り汁、はちみつを入れて
　中火で煮詰め、とろりとしたら塩、こしょうで
　味を調える。

3 1の肉を食べやすく切って器に盛り、2のオレ
　ンジとレモンを添え、ソース、こしょうをかける。

Fideuá con cerdo

豚バラ肉のフィデウア

材料［2～3人分］

豚バラかたまり肉（1㎝角の棒状に切る）…… 150g

スパゲッティーニ（3㎝幅に折る）…… 120g

モロッコいんげん（両端を切り落とし、
　長さを4等分に切る）…… 7本

にんにく（みじん切り）…… 1かけ

オリーブ油…… 大さじ1

塩、こしょう、イタリアンパセリ（みじん切り）…… 各適量

作り方

1 フライパンにオリーブ油、にんにくを入れて弱
　火にかけ、香りが出たら塩、こしょう各少々
　をふった豚肉、スパゲッティーニの順に加え、
　そのつど中火でこんがり炒める。

2 モロッコいんげん、熱湯3カップを加え、煮
　立ったら時々混ぜながら中火でパスタの袋
　の表示時間通りに煮、塩、こしょうで味を調
　え、水分が残っていたら強火で煮詰める。
　器に盛り、イタリアンパセリを散らす。

Alubias con chorizo y berza

チョリソーと赤いんげん豆の煮込み

材料［4人分］

チョリソー（長さを半分に切る）…… 大2本（150g）

赤いんげん豆（乾燥・たっぷりの水に
　　7時間以上つけて戻す）…… 200g ＊

長ねぎ（みじん切り）…… 1本

にんにく（みじん切り）…… 1かけ

塩、ギンディージャ（お好みで）…… 各適量

オリーブ油…… 大さじ1

【にんにくオイルキャベツ】

キャベツ（せん切り）…… ½個

A｜にんにく（薄切り）…… 2かけ
　｜赤唐辛子（種を除き、小口切り）…… 1本

＊水煮なら400g

作り方

1　鍋にオリーブ油を熱し、長ねぎ、にんにくを
　　弱火でしんなり炒め、赤いんげん豆、水3カッ
　　プを加えて煮立ったら水1カップを加え、再
　　び煮立ったらふたをして弱火で1時間煮る。
　　チョリソーを加えて10分煮、塩で味を調える。

2　にんにくオイルキャベツを作る。フライパンに
　　オリーブ油小さじ2（分量外）を熱し、Aを弱
　　火で炒め、香りが出たらキャベツを加えてし
　　んなりするまで炒め、塩で味を調える。器に
　　1を盛り、これとギンディージャをのせる。

細長い形が特徴のバスク産
青唐辛子「ピパラ」の酢漬
け・ギンディージャ。基本
的には辛くないけれど、たま
に激辛に当たってしまうこと
も。バスクの豆料理のお供
に欠かせない。

Albóndigas en salsa de zanahoria

肉団子のにんじんソース煮込み

材料［4人分・12個］

A｜合びき肉（豚ひき肉でもOK）…… 300g
　｜パン粉（細かめのもの）…… ½カップ
　｜牛乳…… 大さじ1
　｜卵…… 1個
　｜にんにく（みじん切り）…… 2かけ
　｜イタリアンパセリ（みじん切り）…… 大さじ1
　｜塩…… 小さじ½
　｜こしょう…… 少々

B｜にんじん（粗みじん切り）…… ½本
　｜玉ねぎ（粗みじん切り）…… ½個

にんにく（粗みじん切り）…… 2かけ

グリーンピース…… 60g

白ワイン…… ½カップ

チキンスープ（p.16参照）…… 3カップ

オリーブ油…… 大さじ3

小麦粉、揚げ油、塩、こしょう…… 各適量

作り方

1　ボウルにパン粉、牛乳を入れて混ぜ、残り
　　のAを加えて手で練り混ぜ、12等分して丸め、
　　小麦粉を薄くまぶす。肉団子の半分がひたる
　　くらいの油でこんがり揚げ焼きにし（中まで火
　　が通らなくていい）、取り出す。

2　フライパンにオリーブ油を熱し、Bを弱火で
　　炒め、しんなりしたらにんにくを加えて香りが
　　出るまで炒め、小麦粉大さじ1を加えてなじ
　　むまで炒める。

3　白ワインを加えて中火で煮詰め、チキンスー
　　プを加え、煮立ったらふたをしないで弱火で
　　10分煮る。粗熱がとれたらミキサーなどにか
　　けてピューレ状にし、鍋に戻し、1を加えてふ
　　たをして弱火で15分煮る。塩、こしょうで味
　　を調え、グリーンピースを加えてさっと煮る。

SUKALKI

スカルキ（バスク風牛すね肉のシチュー）献立

こってりとしたボリュームある牛肉の煮込みは、
特別感のあるメニュー。そのぶん、1皿目はごくシンプルな
サラダをあっさりと組み合わせます。デザートは、
特別な日だけに作られる小さなエッグタルトです。

Recipe ›› (p.50 - 51)

Sukalki

スカルキ（バスク風牛すね肉のシチュー）

2皿目

バスク地方ビスカヤ県のソウルフードで、
煮込み料理の代表的存在です。

Ensalada de pepino a la menta

きゅうりのサラダ

1 皿目

修道院の庭で育てているきゅうりは、
日本より少し太いタイプです。

Pastel de arroz de Bilbao

バスク風エッグタルト

デザート

かつて植民地だったフィリピンから
伝わったと言われているお菓子です。

スカルキ（バスク風牛すね肉のシチュー）献立

Sukalki

スカルキ（バスク風牛すね肉のシチュー）

2皿目

バスク語のスカルキという名前は、弱火でじっくり煮込んだという
ニュアンスのある「台所、かまどで調理する」が語源。
本来はバスク名産の乾燥赤ピーマン「チョリセロ」を水で戻し、
果肉をこそげて使いますが、ここではパプリカパウダーで代用します。

材料［4人分］

牛すね肉（大きめの角切り）…… 500g
じゃがいも（ひと口大に切る）…… 2個（300g）
赤パプリカ（粗みじん切り）…… 1個
玉ねぎ（みじん切り）…… 大½個
紫玉ねぎ（みじん切り）…… ½個
パプリカパウダー（あればスモークタイプ）
　　…… 小さじ2
赤ワイン…… ¼カップ
オリーブ油…… 大さじ1
塩、こしょう、小麦粉…… 各適量

作り方

1　牛肉は塩、こしょう各少々をふって小麦粉をまぶし、
　オリーブ油を熱した鍋で全体を中火でこんがり焼き、
　取り出す。
2　続けてオリーブ油大さじ½（分量外）、じゃがいも以
　外の野菜を入れて弱火で炒め、しんなりしたらパプ
　リカパウダーをふってひと混ぜする。
3　1を戻し、赤ワインを加えて中火で煮立たせ、かぶ
　るくらいの水（約2½カップ）を加え、煮立ったらふ
　たをして弱火で1時間煮る。
4　じゃがいもを加えてさらに10分煮、塩、こしょうで味
　を調える。

ビジタション・デ・サンタマリア修道院（聖母訪問修道院）

バスクのビトリアにある、ネオゴシック様式の
尖塔が美しい修道院。会派は、修道院と同
名の聖母訪問会。82歳の修道長、マザー・
アンヘリカは終始微笑みを絶やさず、料理の
話をたくさんしてくださいました。調味料をなる
べく使わず、シンプルに料理するのが理念。
20名の修道女の中には、南米やアフリカ出身
のシスターたちもいらっしゃいます。

きゅうりのサラダ

[1皿目]

バスク地方ビトリアのビジタション・デ・サンタマリア修道院で教わったサラダ。
修道長は皮をむいて作るそう。食べる時にオリーブ油をかけるシスターもいます。

材料［4人分］

きゅうり（長さを3等分に切り、
　縦半分に切って薄切り）…… 2本
紫玉ねぎ（薄切り）…… ¼個
塩…… ひとつまみ
レモン汁…… ½個分（20㎖）
ミントの葉…… 10枚

作り方

1　ボウルにきゅうり、紫玉ねぎを入れ、塩をふってもみ、
　しんなりしたら水けを軽く絞る。レモン汁、ミントを加え、
　さっとあえる。

バスク風エッグタルト

[デザート]

もともとは米粉を使って作られていた、バスク地方ビルバオのお菓子。
米粉を使わなくなった今でも、「米のケーキ」と呼ばれています。

材料［ 直径7㎝マフィン型6個分]

A｜強力粉…… 80g
　｜薄力粉…… 45g
　｜グラニュー糖…… 10g
　｜塩…… ひとつまみ
バター（食塩不使用）…… 50g ＊
冷水…… 40〜50㎖
【 フィリング 】
卵…… 30g
グラニュー糖…… 35g
薄力粉…… 20g
B｜牛乳…… 125㎖
　｜レモンの皮（ワックス不使用のもの）
　｜　…… ¼個分
　｜シナモンスティック…… 1本
バター（食塩不使用）…… 7g
＊小さく切り、冷蔵室で冷やしておく

作り方

1　ボウルにAを入れてバターを加え、カードで米粒大になるまでバターを切り混ぜ、冷水を加えてさらに切り混ぜる。ひとまとめにしてラップで包み、冷蔵室で1時間休ませる。

2　フィリングを作る。小鍋にBを入れて弱火で3分煮、レモンの皮とシナモンスティックを除き、バターを加えて溶かす。

3　ボウルに卵、グラニュー糖を入れて泡立て器でなじむまで混ぜ、薄力粉を3回に分けて加えてそのつどよく混ぜ、2も加えて混ぜる。

4　1を6等分し、めん棒でそれぞれ直径7㎝（2㎜厚さ）にのばし、バター（分量外）を塗った型に敷き、フォークで底に穴をあける。オーブンシートをのせ、重し（タルトストーンまたは乾燥豆）をのせ、180℃に温めたオーブンで5分焼く。シートごと重しをはずして粗熱をとり、3を流し、180℃に温めたオーブンで20分焼く。温かいうちに型から出す。

Filetes de ternera en salsa
牛肉の野菜ソース煮込み

ころもをつけて焼いた牛肉を野菜ソースで煮込みます。ソースとは別に、
マッシュルームなどのきのこや、グリーンピースを一緒に煮込む修道院も。
牛肉は焼き肉用のスライスや、ステーキ用を斜め切りにして使って。
パンはもちろん、白いごはんやマッシュポテトにもよく合います。

Caldereta de cordero

ラム肉の煮込み フライドポテト添え

ビジタション・デ・サンタマリア修道院で教えていただいた煮込み料理。
にんにくとイタリアンパセリをすり鉢でつぶして加えると、ラムのくせが
やわらぎ、肉のうまみがぐっと引き立ちます。お好みでクミンも加えてください。
好相性のじゃがいもは、角切りにして揚げ、一緒に煮込むこともあるそうです。

Filetes de ternera en salsa

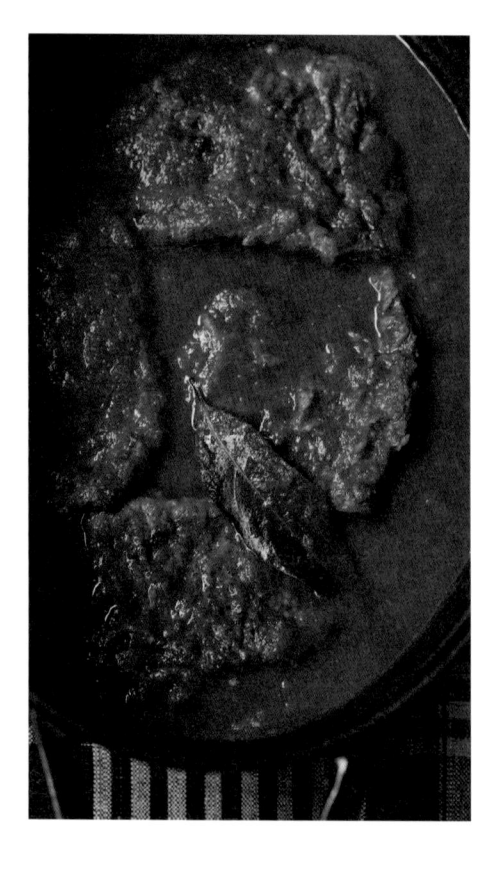

牛肉の野菜ソース煮込み

材料［3〜4人分］

牛肉（焼き肉用スライス）…… 500g
　│ 小麦粉…… 大さじ3
　│ 卵…… 1個
玉ねぎ（粗みじん切り）…… 1個
長ねぎ（粗みじん切り）…… 1本
にんじん（粗みじん切り）…… ⅓本
ピーマン（粗みじん切り）…… 1個
にんにく（粗みじん切り）…… 1かけ
白ワイン…… ¼カップ
ローリエ…… 1枚
トマトソース（下参照）…… ½カップ
オリーブ油…… 大さじ1
塩、こしょう…… 各適量

作り方

1　牛肉は塩、こしょう各少々をふって小麦粉をまぶし、溶いた卵をからめ、オリーブ油を熱した鍋で両面を中火でこんがり焼き、取り出す。
2　続けてオリーブ油大さじ1（分量外）、玉ねぎを入れて弱火で炒め、しんなりしたら残りの野菜を加え、しんなりするまで10分炒める。
3　白ワインを加えて中火で煮立たせ、水（またはチキンスープ・p.16参照）1カップ、ローリエを加え、煮立ったらふたをして弱火で15分煮る。粗熱がとれたらローリエを除き、ミキサーなどにかけてピューレ状にし、鍋に戻す。
4　1を戻し、トマトソース、水（またはチキンスープ）1カップを加えて強火にかけ、煮立ったらアクをとり、ふたをして弱火で15〜20分煮る。塩、こしょうで味を調える。

トマトソースの作り方

材料［作りやすい分量・約¾カップ分］

トマト水煮缶…… 1缶（400g）
玉ねぎ（みじん切り）…… 1個
砂糖…… 小さじ1
塩…… 小さじ¼
オリーブ油…… 大さじ1

作り方

フライパンにオリーブ油を熱し、玉ねぎを弱火で炒め、しんなりして甘みがしっかり出たらトマト缶を加え、中火で時々混ぜながら半量になるまで煮詰める。砂糖、塩を加え、粗熱がとれたらミキサーなどにかけてピューレ状にする。

＊修道院では、トマトソースは常備されていてよく使います。白いごはんにかけて、目玉焼きと食べる料理がポピュラーです

Caldereta de cordero

ラム肉の煮込み フライドポテト添え

材料［4人分］

ラム肉（肩ロースや肩肉のブロック・4等分に切る）
　…… 500g
　にんにく（皮をむく）…… 2かけ
　イタリアンパセリ（ちぎる）…… 1本
　ローリエ…… 1枚
　クミンパウダー…… 小さじ½
白ワインビネガー…… 小さじ2
オリーブ油…… 大さじ1
じゃがいも（細切りにして水にさらし、水けをふく）
　…… 2個（300g）
塩、こしょう、揚げ油…… 各適量

作り方

1　すり鉢ににんにく、イタリアンパセリを入れて
　すりこ木ですりつぶし、ローリエ、クミンパウ
　ダー、水½カップを加えて混ぜる。
2　ラム肉は塩、こしょう各少々をふり、オリーブ
　油を熱した鍋で全体を中火でこんがり焼く。
　1を加え、煮立ったらふたをして弱火で25
　〜30分煮る。
3　フライドポテトを作る。フライパンにじゃがいも、
　揚げ油をひたひたに入れて中火にかけ、油
　が温まってから3〜5分こんがり揚げ、塩少々
　をふる。
4　2に白ワインビネガーを加え、塩、こしょうで
　味を調え、器に盛って3を添える。

A

B

C

D

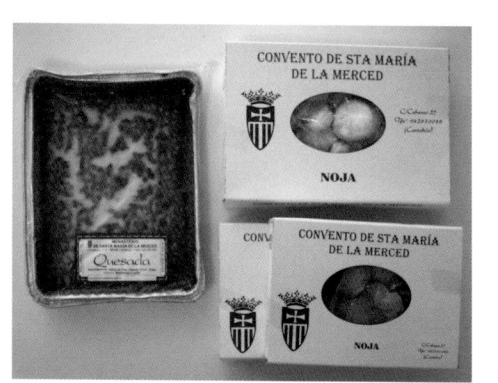

E

COLUMNA 2

修道院のお菓子

　スペインのお菓子は素朴で飾りけのないものが少なくありませんが、歴史と文化が育んだ長く愛されてきたもので、その多くが修道院に起源を持っています。

　歴史をさかのぼると、ヨーロッパはまさに封建社会の中世の頃、教会が大きな力を持っていた時代。その頃は多くの修道院があり、そこにはたくさんの修道士、修道女たちが暮らしていたのです。

　女子修道院では、労働の一環としてお菓子作りをしているところがありました。自分たちのためではなく、奉納や寄付、王侯貴族の行事のために作るのが職務でした。

　その頃、かまどがあるのはお城と大屋敷だけでしたが、たくさんの人数を抱えていることもあり、修道院にも大きなかまどがあったそうです。一般には手に入りにくかった卵、小麦粉、アーモンド、はちみつなどが常時ストックされていたことも、お菓子作りの環境に適していた要因のひとつ。修道女たちは献身的に研究を重ね、数々のおいしいお菓子を作り出してきました。その技術と味はとてもレベルが高く、王家の人々さえ感嘆させたといいます。

　布教する修道士、修道女によって、そのお菓子文化はヨーロッパだけでなく世界各地に広がり、大きな影響を与えたことはあまり知られていません。例えば、日本のカステラもそのひとつです。

　昔と違って今は修道院の維持が難しくなってきたこともあり、お菓子を外部に販売するようになりました。500年にもわたりその味を守り続けている修道院もあり、私たちもその味を気軽に味わうことができます。

　窓口をオープンにしているところもありますが、規律を厳格に守り、外部との接触を禁じている修道院では「トルノ」が窓口の役割をしています。トルノとは壁に設置された回転棚で、それを回して修道女とお菓子の受け渡し、支払いをします。修道女の姿は見えませんが、会話ができるので、お菓子について説明していただくこともあれば、サンプルを棚にのせ回転させて見せてくださることもありますし、ついつい話し込んでしまうこともあります。

　トルノは、何世紀にもわたって続けられている修道院と外界の接点。今でも私たちに口福をもたらす大きな役目を果たしています。

A. お菓子やペストリーで人気のバジャドリードにある修道院。ここでは、修道女と直接会話することができる。B. トルノは修道女との窓口。顔を合わせずにやりとりができる。2段の棚になっている回転扉もある。C. クリスマスに販売される修道院のお菓子詰め合わせ。ポルボロンなど、代表的なクリスマス菓子が詰まっている。D. カンタブリア地方の修道院のお菓子。こんなふうにトルノの横に展示してあるところもある。E. カンタブリア地方ノハの修道院では、郷土菓子で名高い「ケサーダ」が人気。

おそれいりますが
切手を
お貼りください

POSTCARD

104-8357

東京都中央区京橋3-5-7

(株)主婦と生活社　料理編集

「修道院の煮込み スペインバスクと北の地方から」

係 行

ご住所

〒　　　-

お電話

(　　　　　　　)

フリガナ(　　　　　　　)　〔性別〕

男・女

お名前

〔年齢〕

歳

ご職業

1.主婦　2.会社員　3.自営業　4.学生　5.その他(　　　　　)

□ 未婚　　家族構成（年齢）

□ 既婚(　　　　)年

修道院の煮込み スペインバスクと北の地方から

は い か が で し た か ？

今後の企画の参考にさせていただくため、アンケートにご協力ください
＊お答えいただいた方、先着1000名の中から抽選で20名様に、小社刊行物（料理本）をプレゼントいたします（刊行物の指定はできませんので、ご了承ください）。
当選者の発表は、商品の発送をもってかえさせていただきます。

Q1 この本を購入された理由は何ですか？

Q2 この本の中で「作りたい」と思った料理を3つお書きください。

(　　　　　)ページの(　　　　　　　　　　　　　　　　　　)

(　　　　　)ページの(　　　　　　　　　　　　　　　　　　)

(　　　　　)ページの(　　　　　　　　　　　　　　　　　　)

Q3 この本の表紙・内容・ページ数・価格のバランスはいかがですか？

Q4 料理は何を参考にして作ることが多いですか？

テレビ ／ 雑誌 ／ 新聞 ／ 書籍 ／ ネットで検索
（よく見るサイト 　　　　　　　　　　　　　　　　　　　　　　 ）

Instagram ／ X（旧Twitter）／その他（ 　　　　　　　　　　 ）

Q5 この本についてのご意見、ご感想をお聞かせください。

ご協力ありがとうございました

GUISOS DE PESCADO Y MARISCO

―――― 魚の煮込み ――――

LOS MENÚS

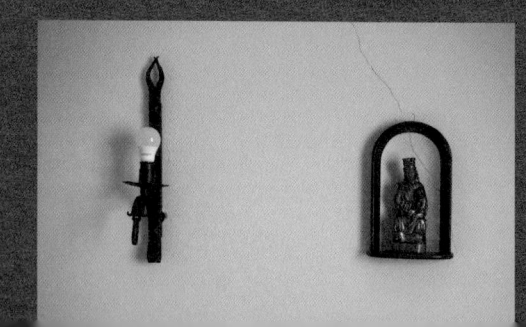

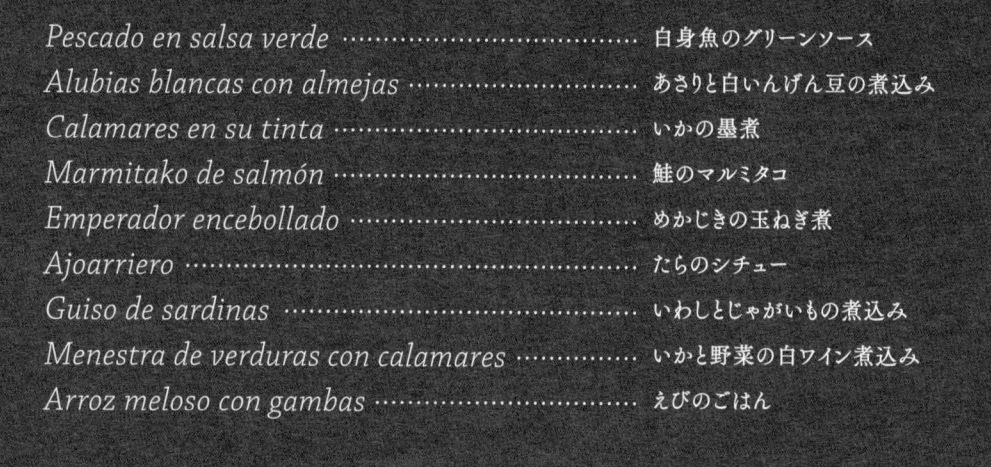

修道院の魚の煮込みについて

　バスクをはじめとする北の地方は、海の幸に恵まれた地域。ビスケー湾は広い大陸棚がいくつもの湾を形成し、西部に至るガリシア州は入り江が多くリアス式海岸があり、さまざまな種類の良質な魚介を育んでいます。

　海近くにある修道院では、地元の漁師の方から新鮮な魚介を分けてもらう機会もたびたびあり、魚料理に慣れ親しんでいます。鮮度のよい魚介は、それだけでも十分にごちそうですが、たくさんいただいた時は連日の料理にと工夫するのでレシピも代々ふえ、魚介料理が得意なシスターたちが複数存在するのもうなずけます。

　何世紀にもわたる漁業の伝統を持つ地域の魚介料理は、漁師の船上料理から生まれたものも多く、そのほとんどが煮込み料理なのは、手間がかからず大量に作れることもあるのでしょう。

Pescado en salsa verde

白身魚のグリーンソース献立

善き羊飼いの修道院のメニューを参考にしました。野菜たっぷりのスープと
シンプルな魚料理は、体を芯から温めてくれる組み合わせです。
デザートには、寒い日に温めて食べたい赤ワイン煮を。

Recipe ›› (p.66 - 67)

Pescado en salsa verde

白身魚のグリーンソース

2 皿目

イタリアンパセリの香りを加えて作る、
バスクの伝統的な緑色のソースです。

Crema de calabaza y zanahoria

かぼちゃとにんじんのスープ

1皿目

夏に収穫したかぼちゃは、保存して
寒い冬にもたくさん活躍させます。

Compota de invierno

りんごとドライいちじくの赤ワイン煮

デザート

クリスマスに食べる、バスク地方の
古くからあるデザートです。

Lomo de cerdo al sartén

ポークソテー

2皿目

にんにくの香りを移したオリーブ油で、
シンプルに焼き上げるソテーです。

Macedonia de frutas

くだもののマセドニア

デザート

庭で収穫したくだものは、日々のデザートに。
時には、こんなふうにひと手間加えて。

ALUBIAS BLANCAS CON ALMEJAS

あさりと白いんげん豆の煮込み献立

海の風味がたっぷり詰まった伝統的な豆の煮込みが、1皿目のお料理。
煮込んでいる間に、さっと作れる肉料理を2皿目に。
デザートには、旬のくだものを使った手軽に作れるひと皿を。

Recipe ›› (p.68 - 69)

*Alubias blancas
con almejas*

あさりと白いんげん豆の煮込み

1皿目

あさりのだしを豆にしみ込ませる、
アストゥリアス地方の料理です。

CALAMARES EN SU TINTA

いかの墨煮献立

修道院の寒い冬に、元気が出てくるボリュームメニューです。1皿目のグラタンは、
1人分ずつ小さな耐熱皿で焼き、2皿目のいかの煮込みには、ごはんを添えます。
デザートは、オリーブ油で作るアニス風味の小さな焼き菓子です。

Recipe ›› (p.70 - 71)

Calamares en su tinta

鮮烈な黒い色からは想像できない、
まろやかな煮込み料理です。

いかの墨煮

2皿目

Espinacas con bechamel

ほうれんそうのグラタン

ほうれんそうとベシャメルソースだけで作る、
この上なくシンプルなグラタン。

1皿目

Roscos de vino

アニス風味のロスコス

南の地方で生まれた、
クリスマスにいただくお菓子です。

デザート

白身魚のグリーンソース献立

Pescado en salsa verde

白身魚のグリーンソース

2皿目

オリーブ油と魚介のだしを乳化させ、イタリアンパセリの香りを加えて作る、
バスクの伝統的なソース。修道院では、いろいろな白身魚で作るそう。
お祝いの日には、ゆで卵のほかホワイトアスパラ、グリーンピースなど、
野菜を加えて彩りよく飾るのだとか。

材料［4人分］

生だらの切り身…… 4枚（400g）
あさり（砂出しする）…… 1パック（200g）＊
にんにく（みじん切り）…… 1かけ
赤唐辛子（種を除き、小口切り）…… 1本
イタリアンパセリ（みじん切り）…… 大さじ2
白ワイン…… ½カップ
オリーブ油…… 大さじ2
塩、こしょう、小麦粉…… 各適量
＊塩水（水1カップ＋塩小さじ1）に入れ、冷暗所
に2時間おいて砂を吐かせる

作り方

1 たらは骨と皮を除いて塩、こしょう各少々をふり、小麦
粉を薄くまぶし、オリーブ油を熱したフライパンで両面を
こんがり焼き、取り出す。
2 続けてにんにく、赤唐辛子を入れて弱火で炒め、香り
が出たら白ワインを加えて煮詰める。
3 1を戻し、あさりを加えてふたをしないで中火で煮、あ
さりの口が開いたらイタリアンパセリの半量を加え、時々
鍋をゆすりながらとろみがつくまで弱火で煮る。塩、こ
しょうで味を調える。
4 器に盛り、残りのイタリアンパセリを散らす。

善き羊飼いの修道院

バスク地方サンセバスチャンから20kmほど離
れた海沿いの小さな街・サラウツにある、フラ
ンスの「跣足カルメル会」によって117年前に
創立された修道院。修道長マザー・ピラール
は元薬剤師さん。ほかにも外科医、弁護士な
どのキャリアを持つシスターが多く、他の修道
院から「インテリジェンス集団」と呼ばれ、平均
年齢が低いことでも異彩を放っている修道院。

かぼちゃとにんじんのスープ

1皿目

夏に収穫したかぼちゃは保存し、寒い冬の間もスープや煮込みに利用します。
季節を問わず活躍しそうな、善き羊飼いの修道院で教わったポタージュです。

材料［2〜3人分］

かぼちゃ（皮をむいて種とワタを除き、
　　3cm角に切る）…… ¼個（300g）
にんじん（粗みじん切り）…… ½本
玉ねぎ（薄切り）…… ½個
チキンスープ（p.16参照）…… 2カップ
ローズマリー（生・ちぎる）…… 少々
オリーブ油…… 大さじ1
塩、こしょう…… 各適量

作り方

1　鍋にオリーブ油を熱し、玉ねぎを弱火で炒め、しんなり
　　したらかぼちゃ、にんじんを加え、中火でこんがりする
　　まで炒める。
2　チキンスープ、ローズマリーを加え、煮立ったらふたを
　　してかぼちゃが煮くずれるまで弱火で15分煮る。粗熱
　　がとれたらローズマリーを除き、ミキサーなどにかけて
　　ピューレ状にする。
3　塩、こしょうで味を調え、器に盛ってローズマリーをのせ、
　　こしょうをふる。

りんごとドライいちじくの赤ワイン煮

デザート

洋なし、ドライプルーン、ドライあんずなどを加えたりと、
修道院によってもレシピはさまざま。温かいままでも、冷たく冷やしても、
アイスクリームを添えて食べてもおいしい。

材料［4人分］

りんご（皮をむき、小さめのひと口大に切る）
　　…… 1個（250g）
ドライいちじく…… 120g
レーズン…… 60g
シナモンスティック…… 1本
赤ワイン…… 2カップ
レモンの皮（ワックス不使用のもの）…… 1個分

作り方

1　ドライフルーツ、シナモンスティックはひた
　　ひたの水に1時間つける。
2　鍋に1、つけ汁1カップ、残りの材料を入
　　れて中火にかけ、煮立ったらオーブンシー
　　トなどの落としぶたをし、弱火で40〜45
　　分煮る。
＊冷蔵室で冷やして食べてもおいしい

あさりと白いんげん豆の煮込み献立

Lomo de cerdo al sartén

ポークソテー

2皿目

オリーブ油でにんにくをじっくり炒め、あとはシンプルに塩味でソテーを。
仕上げにレモンを添え、さっぱりといただきます。

材料［4人分］

豚肩ロース厚切り肉…… 4枚（500g）
 ┃ 塩…… 小さじ1
 ┃ こしょう…… 少々
にんにく（薄切り）…… 2かけ
レモン（ワックス不使用のもの・薄切り）
 …… ½個
オリーブ油…… 大さじ1

作り方

1 豚肉は脂肪と赤身の間に数か所切り目を入れ（筋切り）、
  塩、こしょうをふる。
2 フライパンにオリーブ油、にんにくを入れて弱火にかけ、
  香りが出たら取り出す。続けて1を入れて中火でこんが
  り焼き、裏返してにんにく、レモンをのせ、弱火で2〜
  3分焼く。
3 器に盛り、レモンとにんにくをのせる。

Macedonia de frutas

くだもののマセドニア

デザート

庭で収穫したくだものは、カットしてマセドニアにすることもあります。
オレンジ果汁や、残ったミサの甘口ワインやリキュールを入れたり、
はちみつで甘さを加えて楽しみます。

材料［4人分］

オレンジ…… 2個
りんご（皮をむき、2cm角に切る）…… 1個
キウイ（1.5cm角に切る）…… 1個
シャインマスカット（横半分に切る）…… 8粒
はちみつ…… 小さじ1
ミントの葉…… 適量

作り方

1 オレンジ1個はヘタと底を切り落とし、ナイフ
  で縦に皮をむき、ひと房ずつ薄皮にV字に切
  り込みを入れて実を取り出す。残り1個は絞り、
  はちみつと混ぜる。
2 器にくだものを盛り、1のはちみつオレンジを
  かけ、ミントを散らす。

あさりと白いんげん豆の煮込み

1皿目

煮汁が乳化するように、そして味がまんべんなくしみ込むように、
時々鍋をゆすって味を含ませるのがコツ。パプリカパウダーを加えると、
またひと味違う煮込みに。サフランで、ほんのり香りをつけることもあります。

材料［4人分］

あさり（砂出しする・p.66参照）
　　……大1パック（300g）
白いんげん豆（乾燥・たっぷりの水に
　　8時間以上つけて戻す）…… 200g＊
ローリエ…… 1枚
A｜長ねぎ（1cm幅に切る）…… 1本
　｜にんにく（みじん切り）…… 1かけ
　｜赤唐辛子…… 1本
白ワイン…… ¼カップ
オリーブ油…… 大さじ1
塩、こしょう…… 各適量
＊水煮なら550g（煮汁に水を加えて1½カップ
にする）

作り方

1　鍋に豆、かぶるくらいの水を入れて火にかけ、煮
立ったら水1カップを加え、再び煮立ったらローリ
エを加え、ふたをして豆がやわらかくなるまで弱火
で30〜40分ゆでる（途中で足りなければ水を足
す・ゆで汁はとっておく）。

2　鍋にオリーブ油を熱し、Aを弱火で炒め、しんなり
したら白ワインを加えて煮立たせる。

3　1、1のゆで汁1½カップ（足りなければ水を足す）
を加え、煮立ったらあさりを加え、ふたをしないで
時々鍋をゆすりながらあさりの口が開くまで中火で
15分煮る。塩、こしょうで味を調える。

サンタ・クルス修道院

16世紀に創立された、バスクのビトリアにある
街で最も古い修道院。会派はドミニコ会。喧
騒とした街の中にあり、アパート群に囲まれた
小さな修道院。5人の修道女は全員、煮込
み料理が大好きで、豆の煮込みは1週間に
一度は作るそう。地中海に面したムルシア地
方生まれのシスター・カルメラは、野菜料理
が得意。訪ねた際には、作り方をていねいに
教えてくださいました。

いか の 墨 煮 献立

Calamares en su tinta

いか の 墨 煮

2皿目

まろやかで味わい深い、バスク地方の代表的な煮込み料理です。
玉ねぎを甘みが出るまで炒めるのがコツ。いか墨は、いかからとるだけでは
足りないので、修道院でも市販のいか墨ペーストを使っています。
ごはん、またはフライドポテトを添えてどうぞ。

材料［4人分］

いか（やりいか、するめいかなど）
　…… 大2はい（500〜600g）
玉ねぎ（みじん切り）…… 大1個
にんにく（みじん切り）…… 1かけ
トマトソース（p.54参照）…… 100g
市販のいか墨ペースト（水大さじ2で溶く）
　…… 8g
オリーブ油…… 大さじ1
ごはん…… 茶碗4杯分
塩、イタリアンパセリ（みじん切り）
　…… 各適量

作り方

1　いかは足を引き抜いてワタ、軟骨を除き、皮をむ
　いて胴は2〜3cm角に、足は大きな吸盤を除き、
　食べやすく切る。
2　鍋にオリーブ油を熱し、玉ねぎを弱火で炒め、し
　んなりしたらにんにくを加え、玉ねぎが半量になる
　まで炒める。いかを加え、色が変わるまで炒める。
3　トマトソース、いか墨ペーストを加えてさっと混ぜ、
　ふたをして弱火で15分煮、塩で味を調える。
4　器にごはんを盛って3をかけ、イタリアンパセリを
　散らす。

小分けパックされて売られて
いる市販のいか墨ペースト。
輸入食品店、百貨店等で
購入できる。使う時は水を
加えてしっかり溶き、濃度を
均一にするのがポイント。

ほうれんそうのグラタン

1皿目

炒めたほうれんそうにベシャメルソースとチーズをかけ、オーブンで焼きます。
修道院の庭で採れるほうれんそうは、アク知らず。体が温まるひと皿です。

材料［4人分］

ほうれんそう（4㎝幅に切る）…… 1束（200g）
小麦粉…… 大さじ2
牛乳…… 1¼カップ
A｜ 塩…… 小さじ¼
　　ナツメグ、こしょう…… 各少々
ピザ用チーズ…… 40g
オリーブ油…… 大さじ3

作り方

1 フライパンにオリーブ油小さじ1（分量外）を熱し、ほうれんそうを中火でしんなりするまで炒め、取り出す。
2 続けてオリーブ油、小麦粉を入れ、ダマにならないように木ベラで絶えず混ぜながら弱火で炒める。粉けがなくなったら牛乳を少しずつ加え、そのつどなじむまで混ぜ、とろみがついたらAをふる。
3 耐熱皿に1を入れ、2、チーズをのせ、250℃に温めたオーブンでこんがり焼き色がつくまで15分焼く。

アニス風味のロスコス

デザート

お菓子を製造して販売している修道院でも、よく作られている焼き菓子。
アニスシードや白ごまの香ばしさと、さくっとした食感が魅力です。

材料［直径4㎝のもの10個分］

薄力粉…… 100g
オリーブ油…… 大さじ2½
オレンジの皮（ワックス不使用のもの）
　　…… ¼個分
A｜ 白いりごま…… 大さじ2
　　アニスシード…… 小さじ½
B｜ グラニュー糖…… 25g
　　シナモンパウダー…… 少々
　　レモンの皮のすりおろし
　　　（ワックス不使用のもの）…… ½個分
　　甘口シェリー（モスカテル・なければ
　　　甘口白ワイン）…… 大さじ2
粉砂糖…… 適量

作り方

1 フライパンにオリーブ油、オレンジの皮を入れて弱火にかけて温め（熱しすぎないよう注意）、火を止めてAを加える。粗熱がとれたら、オレンジの皮を除く。
2 ボウルに薄力粉を入れ、まん中に1を少しずつ加え、ダマにならないようにゴムベラでなじむまで混ぜる。Bを順に加えてそのつど混ぜ、手でこねてひとまとめにする。
3 台に打ち粉（薄力粉・分量外）をふり、めん棒で1㎝厚さにのばし、直径4.5㎝のセルクルで抜き、まん中をりんごの芯抜き器（直径1.5㎝）などで抜く。
4 オーブンシートを敷いた天板に並べ、180℃に温めたオーブンで15分焼き、熱いうちに粉砂糖をたっぷりまぶす。

アニスシードは、地中海東部原産のセリ科のハーブの種子。ほんのり甘くさわやかな香りが特徴。スペインでは、お菓子によく使われている。

Marmitako de salmón

鮭のマルミタコ

バスク語名「マルミタコ」で知られるこの料理は、もともとは漁師のまかない料理で、
船上で使われていたふたつきの金属製の鍋「マルミタ」が語源。スペイン北部各地のほか、
フランスまで広まった料理です。じゃがいもがなかった時代には、かぶや栗を入れていたとか。
びんながまぐろで作る料理ですが、鮭やさば、たらなどでも作られています。

Recipe ›› (p.79)

Emperador encebollado

めかじきの玉ねぎ煮

善き羊飼いの修道院では、年老いたマザー・マリア・ドローレスの大好物
ということもあり、シスターたちは時間がある時に、しばしばこの料理を作ります。
バスク地方で夏にたくさん獲れる、びんながまぐろで作るのが代表的ですが、
いかやかじきでも。炒めた玉ねぎの甘みと白ワインが、魚のうまみを際立たせます。

Ajoarriero

たらのシチュー

善き羊飼いの修道院で教えていただいた煮込み。「アホアリエロ」と呼ばれる、
干しだらで作るナバラ州の料理ですが、その時にある白身魚で気軽に作るそう。
この料理は他の地方にも広く伝わり、地域ごとに使う野菜も変わるようです。
シスターたちは、じゃがいもを加えてボリュームアップさせることも。

/ *Recipe* ›› (p.80)

Guiso de sardinas

いわしとじゃがいもの煮込み

北のカンタブリア海は、ヨーロッパでも名高いいわしの産地。海に近い
善き羊飼いの修道院では、漁師の方からいわしをたくさんいただくことがあり、
揚げたり、炒めたり、オーブンで焼いたりと工夫するそう。これはガリシア地方の料理。
鮮度のよいいわしを使い、塩をして水分が出たらふき、くさみが出ないようにします。

Menestra de verduras con calamares
いかと野菜の白ワイン煮込み

北部の家庭料理としてなじみ深いナバラ地方の郷土料理「メネストラ」に、
いかを使ったバージョン。いんげんやモロッコいんげん、にんじん、かぶ、
グリーンアスパラ、そら豆、アーティチョークなど、季節ごとにさまざまな野菜を
加えて作ります。残り野菜を無駄なく活用できる料理でもあります。

Arroz meloso con gambas

えびのごはん

バレンシアが故郷の、お米を少しやわらかめに煮込む料理。具材はその時に
あるもので作りますが、えびで作る時はその味わいを生かすため、えびの頭を使い、
みそをだしとして利用します。日本では、みそがより多く含まれる赤えびがおすすめ。
炒めたにんにくがふわりと香る、シンプルでいて濃厚なひと皿です。

Marmitako de salmón

鮭のマルミタコ

材料［4人分］

生鮭の切り身（4㎝角に切る）…… 4切れ（400g）

じゃがいも（ひと口大に切る）…… 2個（300g）

玉ねぎ（粗みじん切り）…… 1個

ピーマン（粗みじん切り）…… 2個

にんにく（粗みじん切り）…… 1かけ

トマト（皮をむき、すりおろす）…… 小2個（200g）

ローリエ…… 2枚

A｜白ワイン…… ¼カップ

　｜パプリカパウダー（あればスモークタイプ）…… 小さじ2

魚介のスープストック（右ページ参照・

　または水）…… 2カップ

オリーブ油…… 大さじ2

塩、こしょう…… 各適量

作り方

1 鍋にオリーブ油を熱し、玉ねぎを弱火で炒め、
しんなりしたらピーマン、にんにくを加えて香
りが出るまで炒め、トマトを加えて水けがなく
なるまで中火で炒める。

2 ローリエ、じゃがいもを加えて油が回るまで
炒め、Aを加えて煮立たせる。

3 魚介のスープストックを加え、煮立ったらふ
たをし、じゃがいもがやわらかくなるまで弱火
で10〜15分煮る。

4 鮭を加え、ふたをして時々鍋をゆすりながら
中火で5分煮、塩、こしょうで味を調える。

Emperador encebollado

めかじきの玉ねぎ煮

材料［4人分］

めかじきの切り身…… 4枚（400g）
玉ねぎ（1cm幅に切る）…… 2個
にんにく（みじん切り）…… 1かけ
小麦粉…… 小さじ2
A｜白ワイン…… 大さじ2
　｜白ワインビネガー…… 小さじ2
オリーブ油…… 大さじ2
塩、こしょう、セージ（生）…… 各適量

作り方

1　フライパンにオリーブ油を熱し、玉ねぎを弱火で炒め、しんなりしたらにんにくを加えて香りが出るまで炒め、小麦粉を加えてなじむまで炒める。
2　Aを加えて煮立たせ、水1½カップ、塩小さじ¼を加え、煮立ったらふたをして弱火で15分煮る。塩、こしょう各少々をふっためかじきを加え、中火でふたをして5〜6分煮る。
3　器に盛ってこしょうをふり、セージをのせる。

魚介のスープストックの作り方

材料［作りやすい分量・5カップ分］

魚のあら（鯛、金目鯛の頭など・
　血合やうろこを除く）…… 1尾分
白ワイン…… ½カップ
玉ねぎ（縦4等分に切る）…… 1個
にんじん（皮ごと大きめに切る）…… 1本
長ねぎの青い部分…… 2本分
ローリエ…… 2枚
イタリアンパセリ…… 3本

作り方

深めの鍋に魚のあら、白ワインを入れて中火で煮立たせ、残りの材料とかぶるくらいの水を加え、再び煮立ったらアクをとり、ふたをしないで弱火で50〜60分煮る。濁らないように静かにざるでこす。

Ajoarriero

たらのシチュー

材料［4人分］

甘塩だらの切り身（骨と皮を除き、長さを4等分に切る）
　……4枚（400g）
トマト（皮をむき、すりおろす）……2個（300g）
赤パプリカ（2〜3cm角に切る）……1個
ピーマン（2〜3cm角に切る）……1個
玉ねぎ（みじん切り）……1個
にんにく（みじん切り）……2かけ
赤唐辛子（半分に切り、種を除く）……1本
パプリカパウダー（あればスモークタイプ）……小さじ2
オリーブ油……大さじ2
塩……適量

作り方

1　鍋にオリーブ油を熱し、トマト以外の野菜と
　赤唐辛子を弱火で炒め、しんなりしたらトマト、
　パプリカパウダー、水½カップを加え、煮立っ
　たらふたをして弱火で15分煮る。
2　たらを加えてさらに5分煮、塩で味を調える。

Guiso de sardinas

いわしとじゃがいもの煮込み

材料［4人分］

いわし……8尾（960g）
じゃがいも（5mm幅の輪切り）……2個（300g）
玉ねぎ（薄切り）……¼個
にんにく（薄切り）……2かけ
トマト（皮をむき、粗みじん切り）……2個（300g）
白ワイン……½カップ
パプリカパウダー（あればスモークタイプ）……小さじ2
ローリエ……2枚
塩……小さじ½
オリーブ油……大さじ1

作り方

1　いわしは頭と腹ワタをとり、塩少々（分量外）
　をふって15分おき、水けをふく。
2　鍋にオリーブ油を熱し、玉ねぎ、にんにくを
　弱火で炒め、しんなりしたらトマトを加えて水
　けがなくなるまで中火で炒め、白ワインを加
　えて5分煮詰める。
3　パプリカパウダーをふってひと混ぜし、じゃが
　いもを並べて塩をふり、ローリエをのせ、ふ
　たをして弱火で10〜15分煮る。1をのせ、
　いわしに火が通るまでさらに10分煮る。

Menestra de verduras con calamares

いかと野菜の白ワイン煮込み

材料［4人分］

いか（やりいか、するめいかなど）
　　…… 大2はい（500〜600g）
A　カリフラワー（小房に分ける）…… ¼株（150g）
　　ペコロス（縦半分に切る）…… 8個
ブロッコリー（小房に分ける）…… ⅓株（100g）
にんにく（みじん切り）…… 2かけ
白ワイン…… 大さじ3
ローリエ…… 1枚
塩…… 小さじ½
こしょう…… 少々
オリーブ油…… 大さじ1
ホワイトアスパラ（缶詰・長さを3等分に切る）…… 4本

作り方

1　いかは足を引き抜いてワタ、軟骨を除き、皮
　をむいて胴は1cm幅に、足は大きな吸盤を除
　き、食べやすく切る。
2　鍋にオリーブ油、にんにくを入れて弱火にか
　け、香りが出たら1を加えて中火でさっと炒め、
　白ワインを加えて煮立たせる。水2カップ、ロー
　リエを加え、煮立ったらAを加え、ふたを
　して弱火で10分煮る。
3　ブロッコリーを加えてさらに5分煮、塩、こしょ
　うをふる。器に盛り、ホワイトアスパラをのせる。

Arroz meloso con gambas

えびのごはん

材料［4〜5人分］

米（洗わない）…… 1カップ（200ml）
有頭えび（赤えび・頭と殻をとり、背ワタを除く）
　　…… 8尾（400g）
にんにく（縦半分に切る）…… 1かけ
白ワイン…… ¼カップ
ローリエ…… 1枚
塩…… 小さじ½
オリーブ油…… 大さじ1

作り方

1　鍋にオリーブ油を熱し、にんにく、えびの頭
　と殻を弱火で炒め、木ベラで頭をつぶしてみ
　そを出す。
2　白ワインを加えて煮立たせ、水4カップ、ロー
　リエを加え、煮立ったらふたをしないで弱火
　で15分煮、えびの頭と殻を取り出す。
3　強火にし、煮立ったら米、塩を加えて混ぜ、
　ふたをしないで時々混ぜながら米の芯がなく
　なるまで弱火で5〜10分煮る。えびを加え
　て5分煮、火を止め、ふたをして10〜15分
　蒸らす。

A

B

C

COLUMNA 3

修道院と動物たち

　修道院では、さまざまな動物が飼われています。猫が居ついてしまうこともあれば、迷い込んできた犬やトルノ（回転棚・p.56参照）に置かれた子犬を育てている修道院もありました。動物たちを家族と思い、大切に世話をするのも、修道女たちの暮らしの一部になっています。修道院のあまり知られていないことのひとつかもしれません。

　2023年春に訪れた善き羊飼いの修道院では、1か月前に来たばかりの子ヤギのティナに会うことができました。小さい（チキティーナ）からとった名前がかわいい。最初はお母さんを恋しがって夜中になると鳴き、シスターたちを困らせたそう。マザー・ピラールが話しかけると、もうすっかり慣れている様子で、甘える仕草がなんとも愛らしい。

D

　サン・ファン・デ・アクレ修道院では、マザー・ヴィルヒニアがまだへその緒がついている黒い子羊を見せてくださいました。前日に産声をあげたばかりだとは信じられないくらい元気に飛び跳ねて、お母さん羊を呼ぶ声も大きい。シスターたちがつけた名前は「カルボネータ」。日本語で言えば「炭子」ちゃん。気がついた時には羊小屋で既に生まれ、お母さん羊の長い毛が邪魔でお乳が飲めずにいたところだったそう。急いで毛を剃り、お乳を飲めた時には、涙が出そうにうれしかったと目を細めて炭子を見つめるマザー。

　そんな話をしていると、羊たちとの境の網の向こうからポニーが小さな声でいなないました。修道院の聖人ファン（聖ヨハネ）にちなんだ名前「フアニート」と呼ばれている、2歳のポニーです。「フアニートは炭子に嫉妬しているのよ。いつもより甘えてきたり、すねたりするの」とマザー。嫉妬するなんて、普段どんなにかわいがられているのかがわかります。

　炭子が生まれて、修道院にはバスク種のラシャ羊が3頭になりました。ラシャ羊の乳から作るチーズ「イディアサバル」、ミルクプリンに似たお菓子「マミヤ」は、バスクの人たちの生活には欠かせません。修道女たちも、いつかはチーズやマミヤを作れたら、と考えています。

E

A. マザー・ピラールによくなついている子ヤギのティナ。B. 養鶏場の鶏たちと一緒にごはんの時間。C.D. 生まれたばかりの羊の赤ちゃん・カルボネータ（炭子）が、かわいくてしかたがない様子のマザー・ヴィルヒニア。E. シスターたちに家族のように育てられているポニーのフアニート。

GUISOS DE VERDURAS Y HORTALIZAS

──── 野菜の煮込み ────

Capítulo 3

LOS MENÚS

Pisto de las monjas ···················· 修道女のピスト
Garbanzo de las monjas carmelitas ············· カルメル会のひよこ豆と野菜の煮込み
Patatas a la importancia ················· 大切なじゃがいも
Porrusalda ····························· ポルサルダ（長ねぎとじゃがいものスープ）
Cebollas rellenas Asturianas ············· 玉ねぎの詰めもの
Sopa de ajo ························· にんにくのスープ

修道院の野菜の煮込みについて

　修道院の庭では季節を知らせる野菜が育てられていて、それらを上手に活用しつつ、栄養バランスのいい料理を日々心がけているシスターたち。煮込み料理にも、旬の味の濃い野菜をうまく使っています。

　そんな話を善き羊飼いの修道院のシスターたちと交わしていた時に、「スペインの煮込み料理は、野菜を煮込みすぎよね」とのご意見が…。確かに、くたくたの野菜もそれはそれでおいしいのですが、本来の野菜の味を楽しむのなら、それぞれの野菜を時間差で煮ていくのがいいとシスターたち。野菜の煮込みをおいしく作るコツは、そのあたりの頃合いが大切かもしれません。

　この本では、日本で手に入りやすい野菜を使ったものを中心にご紹介していますが、それ以外でよく使う野菜といえば、アーティチョークやスイスチャード。修道院では、キャベツやかぼちゃも煮込み料理によく使います。

Pisto de las monjas

修道女のピスト献立

具だくさんの野菜の煮込みを、野菜がくたくたになるまで
火にかけている間に、2皿目のハムとチーズのフライをさっと作ります。
デザートは、前の日に作って冷やしておいたパンプディングです。

Recipe ›› (p.90 - 91)

Pisto de las monjas

修道女のピスト

1皿目

野菜たっぷりなのがうれしい
この料理は、修道院の夏の定番です。

San Jacobos de jamón y queso

聖ヤコブ（ハムとチーズのフライ）

2皿目

スペインの家庭でもよく作られている、
人気のフライのひとつ。

Pan de Calatrava

パン・デ・カラトラバ（パンプディング）

デザート

地中海に面した、ムルシア地方が生まれ故郷のパンプディング。

Tortilla a las finas hierbas

ハーブのオムレツとオリーブ

2皿目

1皿目が重たい料理の時は、
プレーンなオムレツが登場します。

Bizcocho de avellanas y pasas

ヘーゼルナッツとレーズンのビスコチョ

デザート

ビスコチョとは、スペイン語で
スポンジケーキのことです。

Garbanzo de las monjas carmelitas

カルメル会のひよこ豆と野菜の煮込み

[1皿目]

カルメル会では肉食が禁止されているので、
野菜だけで作ります。

GARBANZO DE LAS MONJAS CARMELITAS

> カルメル会のひよこ豆と
> 野菜の煮込み献立

善き羊飼いの修道院でごちそうになったメニューを
リスペクトの気持ちを込めて再現。
1皿目は、豆と野菜で作る塩味のシンプルな煮込み料理。
2皿目は、修道院の庭で採れるハーブを使った卵料理です。
デザートには、ワンボウルで作れるケーキを。

Recipe ›› (p.92 - 93)

修道女のピスト献立

Pisto de las monjas

修道女のピスト

[1 皿目]

その昔、イスラム教徒から伝えられた料理をもとに、進化して
独自の料理「ピスト」（夏野菜のトマト煮）ができたと言われ、スペイン全土で
親しまれています。卵を落として食べることも。修道女たちがよく作るから、
この名がつけられたのでしょうか。クララ会のレシピから。

材料［4人分］

ズッキーニ（2㎝角に切る）…… 1本
米なす（2㎝角に切り、水にさらす）…… ½個
赤パプリカ（2㎝角に切る）…… 1個
ピーマン（2㎝角に切る）…… 1個
A｜玉ねぎ（粗みじん切り）…… 1個
　｜にんにく（みじん切り）…… 1かけ
トマト（皮をむき、すりおろす）…… 大2個（400g）
ローリエ…… 1枚
グラニュー糖…… 小さじ1
オリーブ油…… 大さじ1
塩、タイム（生）…… 各適量

作り方

1　鍋にオリーブ油を熱し、Aを弱火で炒め、しんなり
　　したらトマト以外の野菜を加え、中火でやわらかく
　　なるまで炒める。
2　トマトを加えてよく混ぜ、ローリエを加え、ふたをし
　　て野菜がくたくたになるまで弱火で15〜20分煮る。
3　グラニュー糖を加え、塩で味を調え、器に盛って
　　タイムをちぎって散らす。

クララ会（会派）

女子修道院（正式には修道会）の会派の中の
ひとつ。聖女クララが13世紀に発足し、スペ
イン各地に比較的多くあります。スペインでは
中世の時代からお菓子で名高い会派で、ポ
ルボロンをはじめ、多くの伝統菓子を生み出
した修道院。おめでたい日に雨が降らないよ
うにと、クララ会の修道院に卵を持っていく習
慣があり、卵がたくさんあったことから、お菓
子作りが盛んだったとも言われています。

聖ヤコブ（ハムとチーズのフライ）

2皿目

なぜ聖人の名前で呼ばれているかは、
スイスから巡礼者が伝えたなど諸説あり、起源がわかっていません。
ころもがつきにくい時は、卵とパン粉を2回ずつつけてもいいでしょう。

材料［4人分］

ロースハム…… 8枚
スライスチーズ…… 4枚
小麦粉、溶き卵、
　パン粉（細かめのもの）、揚げ油
　…… 各適量

作り方

1　ハム2枚でチーズを1枚ずつはさみ、小麦粉、溶き卵、パン粉の順にころもをつける。
2　中温（170℃）の揚げ油で両面がきつね色になるまで揚げる。

パン・デ・カラトラバ（パンプディング）

デザート

バゲットやブリオッシュ、ケーキなどが残って
かたくなってしまった時に作るパンプディング。
大きな型で焼いて、1人分ずつ切り分けていただきます。

材料［直径15cmの丸型1台分］

卵…… 2個 ＊
グラニュー糖…… 60g
A｜牛乳…… 1¼カップ
　　オレンジの皮（ワックス不使用のもの）
　　　…… ¼個分
　　レモンの皮（ワックス不使用のもの）
　　　…… ½個分
　　シナモンスティック…… 1本
バゲット（2cm角に切る）…… ¼本（50g）
B｜グラニュー糖…… 大さじ3
　　水…… 大さじ2
＊室温に戻す

作り方

1　鍋にAを入れて弱火にかけ、沸騰させないように5分煮て火を止め、粗熱がとれたらオレンジとレモンの皮、シナモンスティックを除く。
2　カラメルソースを作る。小鍋にBを入れて強火にかけてこがし、全体が濃いこげ茶色になったら火を止める。水大さじ2を加え（はねるので注意）、火にかけてなじませ、型に流す。
3　ボウルに卵、グラニュー糖を入れて泡立て器ですり混ぜ、1を加えて混ぜ、型に流してバゲットを加える。
4　天板にのせてオーブンに入れ、天板のふちギリギリまで湯を注ぎ（やけどに注意）、170℃に温めたオーブンで40〜45分焼く。粗熱がとれたら冷蔵室でしっかり冷やし、ナイフでふちを1周して皿をかぶせ、ひっくり返して型から取り出す。

カルメル会のひよこ豆と野菜の煮込み献立

Tortilla a las finas hierbas

ハーブのオムレツとオリーブ

2皿目

*採卵のために養鶏場を持っている修道院も多く、
卵は欠かせない食材のひとつ。じゃがいも入りの
スペインオムレツもよく作りますが、プレーンオムレツも人気です。*

材料［1人分］

A｜卵…… 2個
　｜牛乳…… 大さじ2
　｜塩…… ひとつまみ
　｜こしょう…… 少々
　｜チャイブ（またはあさつき・小口切り）…… 2本
　｜イタリアンパセリ（みじん切り）…… 1本
オリーブ油…… 小さじ2
グリーンオリーブ（種あり）…… 適量

作り方

1　フライパンにオリーブ油を熱し、混ぜたA
　　を入れて中火で大きく混ぜ、底がほぼ固
　　まってきたら火を止めて両脇をたたみ、
　　端に寄せてオムレツ形に整える。
2　器に盛り、オリーブを添える。

Bizcocho de avellanas y pasas

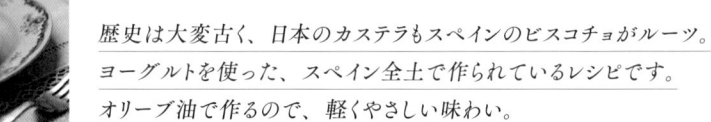

ヘーゼルナッツとレーズンのビスコチョ

デザート

*歴史は大変古く、日本のカステラもスペインのビスコチョがルーツ。
ヨーグルトを使った、スペイン全土で作られているレシピです。
オリーブ油で作るので、軽くやさしい味わい。*

材料［18×8×6cmのパウンド型1台分］

A｜薄力粉…… 250g
　｜ベーキングパウダー…… 大さじ1
グラニュー糖…… 150g
卵…… 3個 *
プレーンヨーグルト…… 125g
オリーブ油…… 100g
ヘーゼルナッツ（皮なし・ロースト／
　細かく刻む）…… 50g
レーズン…… 40g
＊室温に戻す

作り方

1　ボウルにグラニュー糖を入れ、卵を1個ずつ割り入
　　れてそのつどハンドミキサーの高速で泡立て、もっ
　　たりとして倍量になったらヨーグルト、オリーブ油の
　　順に加え、そのつどなじむまで混ぜる。
2　Aを3回に分けてふるい入れ、1回目はゴムベラで
　　しっかり混ぜ、2回目からは切るようにさっくりと混
　　ぜる。ナッツとレーズンを加えて底から返すように
　　混ぜ、オーブンシートを敷いた型に流し、台に数
　　回打ちつけて中の空気を抜く。
3　180℃に温めたオーブンで30分焼き、型から出し
　　てラップで包み、冷めるまでおく。

カルメル会のひよこ豆と野菜の煮込み

| 1皿目 |

カルメル会では肉食が禁止されているので、肉は加えずに作ります。
善き羊飼いの修道院では、「その時々にある野菜を使って作るので、
飽きることがないの。たまにクミンシードを入れて
スパイシーにするのは、消化にもいいから」とシスターたち。

材料［4人分］

ひよこ豆（乾燥・塩少々を加えたたっぷりの
　水に7時間以上つけて戻す）…… 100g＊
長ねぎ（1㎝幅に切る）…… 1本
にんにく（みじん切り）…… 1かけ
にんじん（小さめの角切り）…… 1本
芽キャベツ（かたい皮をむく）…… 12個
オリーブ油…… 大さじ2
塩、こしょう…… 各適量
＊水煮なら300g（煮汁に水を加えて2½カップにする）

作り方

1　鍋にひよこ豆を入れ、豆の2㎝上まで水
　を加えて火にかけ、煮立ったらふたをし
　て弱火で30分ゆでる（ゆで汁はとっておく）。
2　鍋にオリーブ油を熱し、長ねぎ、にんにく
　を弱火で炒め、しんなりしたら1、1のゆ
　で汁3½カップ（足りなければ水を足す）
　を加える。
3　煮立ったらにんじん、芽キャベツを加え、
　ふたをして弱火で30分煮、塩、こしょう
　で味を調える。

Patatas a la importancia

大切なじゃがいも

じゃがいもにころもをつけて揚げ、スープで煮込み、ボリューム感のある一品に仕上げる伝統的なレシピ。
玉ねぎやにんにくを炒めて加えたりするほか、バスク地方ゲルニカの聖クララ修道院では、
トマトを加えて作ることもあるそうです。ベーコンやチョリソーを入れればメイン料理にもなる、
じゃがいもの底力がしっかり感じられる料理です。

Porrusalda

ポルサルダ（長ねぎとじゃがいものスープ）

バスク語の「ポルサルダ」（ねぎのスープ）の名で親しまれている、バスクのスープ。
もともとは肉食を禁じる四旬節（復活祭46日前の水曜日から復活祭前日までの期間）
の料理だったそう。長ねぎをしんなり炒めて甘みを出すのが、おいしさの秘訣。
今回は長ねぎ、じゃがいも、にんじんですが、かぼちゃを加えることも多いです。

Cebollas rellenas Asturianas

玉ねぎの詰めもの

アストゥリアス地方の郷土料理。四旬節（復活祭46日前の水曜日から復活祭前日までの期間）に
修道院で作っていたという記録が、18世紀の料理本に記されているそう。
玉ねぎの中身をくりぬく時に、底に穴をあけないように気をつけて。
玉ねぎの甘みでこげつきやすいので、弱火でゆっくりと煮てください。

Recipe ›› (p.99)

Sopa de ajo
にんにくのスープ

寒い日や風邪気味の時に欠かせない、元気をくれるスープ。
残ってかたくなったパンを大切に使う料理でもあります。パプリカパウダーを入れるのが
伝統的なレシピですが、シスターたちが教えてくださったのは、パプリカパウダーなしのスープ。
試してみたら、これが思いのほかおいしい！ 卵は、かき卵のように溶いて入れても。

Patatas a la importancia

大切なじゃがいも

材料［4人分］

じゃがいも（1cm幅の輪切り）…… 2個（300g）
卵…… 1個
チキンスープ（p.16参照）…… 1カップ
オリーブ油…… 大さじ6
小麦粉、塩、イタリアンパセリ（みじん切り）…… 各適量

作り方

1 じゃがいもは小麦粉をまぶし、溶いた卵をからめ、オリーブ油を熱したフライパンで中火で両面をこんがり揚げ焼きにする。

2 鍋にチキンスープを入れて火にかけ、温まったら塩で味を調え、1をそっと加え、煮立ったらふたをしないで弱火で15分煮る。器に盛り、イタリアンパセリを散らす。

Porrusalda

ポルサルダ（長ねぎとじゃがいものスープ）

材料［4人分］

長ねぎ（2cm幅に切る）…… 4本
じゃがいも（小さめのひと口大に切る）…… 2個（300g）
にんじん（1cm幅の輪切り）…… 小2本
ローリエ…… 2枚
塩…… 小さじ¼
オリーブ油…… 大さじ1

作り方

1 鍋にオリーブ油を熱し、長ねぎを弱火で炒め、しんなりしたらにんじんを加え、中火で油が回るまで炒める。

2 じゃがいも、水3½カップ、ローリエを加え、煮立ったらふたをしてじゃがいもがやわらかくなるまで弱火で20〜30分煮、塩を加える。

Cebollas rellenas Asturianas

玉ねぎの詰めもの

材料［4人分・4個］

玉ねぎ…… 4個
A｜ツナ缶（汁けをきる）…… 小1缶（70g）
　｜ゆで卵（粗みじん切り）…… 1個
　｜トマトソース（p.54参照）…… 大さじ2
小麦粉…… 小さじ2
白ワイン（またはシードル）…… 1カップ
トマトソース（p.54参照）…… 150g
ローリエ…… 2枚
B｜塩…… 小さじ⅓
　｜こしょう…… 少々
オリーブ油…… 小さじ2

作り方

1 玉ねぎは上2cmを切り落とし（ふたにする）、
　スプーンで中身をくりぬき、耐熱皿にのせて
　水小さじ1をふり、ラップをかけて電子レンジ
　で2分加熱する。混ぜたAを等分して詰める
　（熱いので注意）。
2 くりぬいた玉ねぎを粗みじん切りにし、オリー
　ブ油を熱した鍋で弱火で炒め、しんなりした
　ら小麦粉を加え、なじむまで炒める。
3 白ワインを加えて煮立たせ、トマトソースを加
　えて混ぜ、粗熱がとれたらミキサーなどにか
　けてピューレ状にする。鍋に戻し、1の玉ね
　ぎを入れ（ふたものせる）、玉ねぎの8分目ま
　での水、ローリエ、Bを加え、煮立ったらふ
　たをして弱火で1時間煮る。

Sopa de ajo

にんにくのスープ

材料［4人分］

にんにく（粗みじん切り）…… 3かけ
バゲット（食べやすく切る）…… ½本（100g）
卵…… 4個
チキンスープ（p.16参照）…… 5カップ
オリーブ油…… 大さじ2
塩、こしょう、タイム（生）…… 各適量

作り方

1 鍋にオリーブ油、にんにくを入れて弱火にか
　け、香りが出たらバゲットを加え、油が回る
　まで炒める（にんにくをこがさないように）。
2 チキンスープを加え、塩、こしょうで味を調え、
　煮立ったらふたをして弱火で20分煮る。卵
　を割り入れて好みのかたさに火を通し、器に
　盛ってタイムをのせる。

POSTRES A FUEGO LENTO

デザート煮込み

鍋で煮込む素朴なデザートは、どれも古くから伝わる修道女の得意なものばかり。
作りたての熱々でも、冷たく冷やしてもおいしくいただけます。

Recipe ›› (p.102 - 103)

Arroz con leche de las clarisas

クララ会のライスプディング

スペインで古くから愛されている、
お米を弱火でじっくり煮込むデザート。
数ある修道院の中でも、お菓子作りで
名高いクララ会のものをご紹介。

洋なしは庭に木がある修道院も多く、
寒い季節になじみの深いくだもの。
定番の白ワインコンポートに
しょうがを加え、体を温めます。

Compota de pera con jengibre

洋なしとしょうがの白ワインコンポート

ミルクが多めのやさしい味わいの
カスタードクリーム。
シナモンパウダーをふったり、
ビスケットを添えていただきます。

Natillas
ナティージャス

Crema de chocolate
チョコレートクリーム

カスタードクリームにココアを加えて作る、
手軽なデザート。冷めるとかたくなるので、
とろりとなったくらいで火を止めます。

Intxaursaltsa
くるみの甘いスープ

クリスマスに食べる、くるみを
ミルクで煮込むバスク地方の
伝統的なひと皿。弱火で少しずつ
煮詰めていくのがポイントです。

Arroz con leche de las clarisas

クララ会のライスプディング

材料［4人分］

米（洗って水けをきる）…… 100g

A 牛乳…… 2½カップ
　グラニュー糖…… 60g
　レモンの皮（ワックス不使用のもの）…… ½個分
　シナモンスティック…… 1本

バター（食塩不使用）…… 15g

シナモンパウダー…… 少々

作り方

1 鍋にAを入れて弱火にかけ、沸騰直前に米を加え、ふたをしないで時々混ぜながら米がやわらかくなるまで弱火で30〜35分煮る。火から下ろし、バターを加えて混ぜ、ふたをして10分蒸らす。

2 レモンの皮、シナモンスティックを除き、器に盛ってシナモンをふる。

Compota de pera con jengibre

洋なしとしょうがの白ワインコンポート

材料［4人分］

洋なし（10等分のくし形切り）…… 2個（400g）

ドライアプリコット…… 8個

しょうが（皮つき）…… 薄切り2枚

白ワイン（辛口）…… 2カップ

はちみつ…… 大さじ2

作り方

1 鍋に材料を入れて火にかけ、煮立ったらオーブンシートなどの落としぶたをし、弱火で30分煮る。

Natillas

ナティージャス

材料［4人分］

卵黄…… 3個分

コーンスターチ…… 大さじ1

A｜牛乳…… 2½カップ
　｜グラニュー糖…… 大さじ3
　｜シナモンスティック…… 1本

市販のビスケット…… 2枚

作り方

1 鍋にAを入れて弱火にかけ、沸騰直前まで
　温める。
2 ボウルに卵黄、コーンスターチを入れて泡立
　て器ですり混ぜ、1を少しずつ加えてなじむ
　まで混ぜる。鍋に戻して弱火にかけ、とろみ
　がつくまで混ぜ、シナモンスティックを除く。
　器に盛り、半分に割ったビスケットをのせる。

Crema de chocolate

チョコレートクリーム

材料［4人分］

A｜卵…… 3個
　｜グラニュー糖…… 50g
　｜薄力粉…… 10g
　｜ココア…… 10g

牛乳…… 2カップ

作り方

1 小鍋に牛乳を入れて弱火にかけ、沸騰直前
　まで温める。
2 ボウルにAを入れて泡立て器ですり混ぜ、1
　を少しずつ加えてなじむまで混ぜる。鍋に戻
　して弱火にかけ、とろみがつくまで混ぜる。

Intxaursaltsa

くるみの甘いスープ

材料［4人分］

くるみ…… 150g ＊

A｜牛乳…… 3カップ
　｜グラニュー糖…… 80g
　｜レモンの皮（ワックス不使用のもの）…… ½個分
　｜シナモンスティック…… 1本

仕上げ用のくるみ（粗く刻む）…… 50g ＊

＊フライパンでからいりする

作り方

1 くるみはフードプロセッサーにかけ、細かく砕く。
　＊厚手のビニール袋に入れ、めん棒でたたいて細かくしてもいい
2 鍋に1、Aを入れて火にかけ、煮立ったらふたをしな
　いで弱火で混ぜながら10〜15分煮、レモンの皮と
　シナモンスティックを除く。器に盛り、くるみをのせる。

丸山久美 （まるやまくみ）

スペイン家庭料理研究家。アメリカ留学後、ツアーコンダクターとして世界
各地をまわり、マドリッドに14年在住。現地の料理教室に通いながら家庭料
理をベースとしたスペイン料理を習得し、修道院をめぐって修道女たちから料
理を学ぶ。帰国後は、テレビや雑誌などでスペイン料理を軸にした料理を提
案。2006年から東京・杉並区の自宅でスペイン家庭料理教室「mi mesa」
主宰。著書に『バスクの修道女 日々の献立』（グラフィック社）、『修道院のお
菓子』（扶桑社）など。
https://k-maruyama.com
Instagram: @ maruyama_kumi

修道院の煮込み
スペインバスクと北の地方から

著　者　丸山久美
編集人　足立昭子
発行人　殿塚郁夫
発行所　株式会社主婦と生活社
　　　　〒104-8357　東京都中央区京橋3-5-7
　　　　tel：03-3563-5321（編集部）
　　　　tel：03-3563-5121（販売部）
　　　　tel：03-3563-5125（生産部）
　　　　https://www.shufu.co.jp
　　　　ryourinohon@mb.shufu.co.jp
印刷所　TOPPANクロレ株式会社
製本所　株式会社若林製本工場
ISBN978-4-391-16021-5

デザイン／高橋 良 [chorus]
撮影／馬場わかな、丸山久美（現地写真）
スタイリング／花沢理恵
調理アシスタント／成瀬佐智子
スペイン語訳／Ayana S
プリンティングディレクション／
　金子雅一「株式会社トッパングラフィックコミュニケーションズ」

撮影協力／ザッカワークス tel:03-3295-8787

取材／中山み登り
校正／滄流社
編集／足立昭子